高等教育"十四五"校企合作融媒体系列教材

U0669060

视频短片剪辑活页教程

主　编　粟欣泉　朱　文　张　阳

副主编　黄　露　李耘云　刘　荆　喻　欣　何映彤

华中科技大学出版社
http://press.hust.edu.cn
中国·武汉

图书在版编目（CIP）数据

视频短片剪辑活页教程 / 粟欣泉，朱文，张阳主编. -- 武汉 ：华中科技大学出版社，2025. 5. -- ISBN 978-7-5772-1849-6

Ⅰ．TP317.53

中国国家版本馆 CIP 数据核字第 2025P95X76 号

视频短片剪辑活页教程
Shipin Duanpian Jianji Huoye Jiaocheng

粟欣泉　朱文　张阳　主编

策划编辑：江　畅

责任编辑：段亚萍

封面设计：孢　子

责任监印：朱　玢

出版发行：华中科技大学出版社（中国·武汉）　　电话：（027）81321913
　　　　　武汉市东湖新技术开发区华工科技园　　邮编：430223

录　　排：武汉创易图文工作室

印　　刷：武汉科源印刷设计有限公司

开　　本：787 mm×1092 mm　1/16

印　　张：9.5

字　　数：262 千字

版　　次：2025 年 5 月第 1 版第 1 次印刷

定　　价：59.00 元

前言
Preface

在数字技术席卷生活的今天,视频剪辑早已不再是专业人士的"专利"。无论是记录生活片段,还是创作商业短片,剪辑技能正成为每个人表达创意的通用语言。为此,我们精心编写了这本《视频短片剪辑活页教程》,尝试打破传统教材的固定框架——书中内容以模块化设计为核心,教师可随教学进度灵活调整章节顺序,学习者也能根据自身需求"点菜式"选择技能模块。

教材编写组以党的二十大关于"推进文化自信自强,铸就社会主义文化新辉煌"的重要部署为指引,在项目规划、任务设计、案例选取中有机融入主流价值导向。全书以商业短片剪辑典型工作任务为载体,根据学生的认知规律和技能养成规律,将参编企业的多个一线商业项目加以教学化,将剪辑软件操作与剪辑思路养成两个知识模块协同推进,按学习难易程度循序渐进安排技能要点,从而彻底打破学科体系倾向。口播视频、产品视频、活动短片、宣传短片四大商业项目实战循序安排,交叉操练各个技能要点。

教材编写自始至终贯彻落实四个创新之处,具有鲜明的特色。一是将学习内容拆解为多个职业能力清单,穿插在各个项目中,颗粒度高。二是协同学习软件操作和剪辑思维两个领域,既不是只学软件功能而无用武之地,也不是只教理论思路而没有操作落实,而是手脑协同、想到做到,融通技术与艺术。三是将剪辑思维和操作技巧按难易程度逐步推进,既不一蹴而就,也不浅尝即止,而是循序渐进、逐步训练、螺旋提升。四是精挑细选口播视频、产品视频、活动短片、宣传短片等类型一线商业实战项目,这些项目代表的典型工作任务不同、行业不同、内容时长不同、操作难度不同,完整覆盖剪辑岗位典型工作全程。与此同时,根据学生的认知规律和技能养成规律加以精致的教学化处理,达到来自企业、高于企业的效果。

本书由江门职业技术学院粟欣泉、安徽商贸职业技术学院朱文、安徽机电职业技术学院张阳主编,广东交通职业技术学院黄露以及武昌首义学院李耘云、刘荆、喻欣和广州市番禺区职业技术学校何映彤任副主编。教材编写过程中还得到广东省佳频文化创意有限公司、广东粤湾云谷科技投资有限公司的大力支持,在此一并表示感谢。

无论您是职业院校的学生、刚入行的剪辑师,还是渴望用视频记录生活的爱好者,都能从这本书中找到适合自己的路径。新手建议从工具基础、镜头逻辑一步步搭建知识体系;有经验的读者可直接切入分镜设计、声音调度等专题,快速突破瓶颈;教学者若搭配附赠的在线课程和活页工单,还能构建"课堂演示 + 真实工单实战"的全新教学模式。书中案例没有标准答案,只有贴近行业需求的开放式引导,鼓励您在反复试错中形成自己的剪辑思维。

目录
Contents

Shipin Duanpian Jianji Huoye Jiaocheng

项目 1

剪辑软件

学习目标

素质 目标	1. 了解国产剪辑软件的逆袭之路，培养爱国情怀和自强精神。 2. 从第一次剪辑开始，培养严谨细致的剪辑工作习惯。
知识 目标	1. 了解剪辑软件的整体格局。 2. 熟悉常用剪辑软件的名称、功能特点。 3. 掌握剪映的安装方法、功能面板。 4. 掌握 Premiere 的安装方法，熟悉工作区和面板。
能力 目标	1. 能够下载安装剪映。 2. 能够熟练使用剪映的常用工具进行简单剪辑。 3. 能够熟练使用剪映导出视频。 4. 能够下载安装 Premiere。 5. 能够熟练使用 Premiere 的常用工具。 6. 能够熟练使用 Premiere 导出视频。

课程内容思维导图

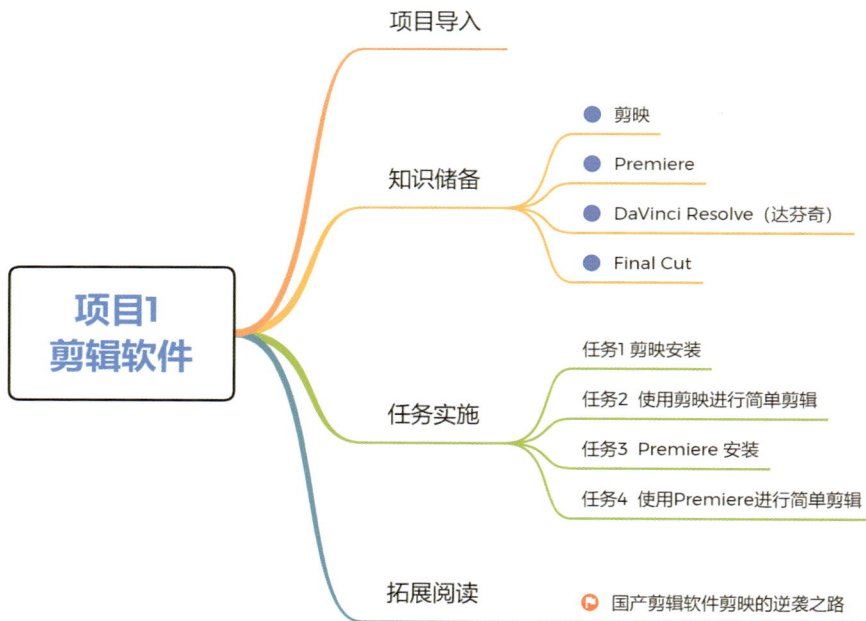

```
                              项目导入

                                              ● 剪映
                              知识储备          ● Premiere
                                              ● DaVinci Resolve（达芬奇）
                                              ● Final Cut
    项目1
    剪辑软件
                                              任务1  剪映安装
                                              任务2  使用剪映进行简单剪辑
                              任务实施          任务3  Premiere 安装
                                              任务4  使用Premiere进行简单剪辑

                              拓展阅读          ▶ 国产剪辑软件剪映的逆袭之路
```

　　"05后萌新"林小悠，是校园新媒体工作室的见习剪辑师。刚加入团队的她，作为工作室里对剪辑"零基础"的新人之一，需要快速安装一款剪辑软件，以便完成校园活动宣传视频、社团Vlog的剪辑。"尽管剪辑'小白'起步难，但是新手也有独特的优势，比如好奇心强、接受新工具快。"在林小悠看来，"剪辑不仅能锻炼审美能力，还能逼着自己把碎片化的创意变成完整的故事，从'剪着玩'到'会讲故事'，咱们都是一步步成长的'剪辑玩家'……"现在，请你跟着小悠的视角，从剪辑软件安装开始，逐步进入剪辑的世界吧！

知 识 储 备

　　剪辑软件众多，功能各异，可以根据个人工作场景和软件功能特点灵活选择或者组合使用。整体而言，剪辑软件大致可分为大众软件、专业软件、行业软件三类。短片剪辑中较多用到的是大众软件及专业软件，详见表1-1。行业软件，又称广播级软件，需满足高分辨率支持（4K/8K）、多格式编解码能力、精准色彩管理（如HDR/RAW）、多轨道实时编辑、稳定性和行业认证等要求，常见于电视节目、电影制作及大型广告项目，短片剪辑中较少用到。

表1-1　剪辑软件一览表

软件名称	出品厂商	软件类型	功能定位	易用程度	普及程度	专业程度	推荐指数
剪映	字节跳动	大众软件	剪辑综合	★★★★★	★★★★★	★★★	★★★★
Premiere	Adobe	专业软件	剪辑综合	★★★★	★★★★★	★★★★	★★★★
DaVinci Resolve（达芬奇）	Blackmagic Design	专业软件	调色综合	★★★	★★★	★★★★	★★★
Final Cut	Apple	专业软件	剪辑综合	★★★★	★★	★★★★	★★★

　　字节跳动、Adobe、Blackmagic Design、Apple等是当前视频剪辑软件市场的主要厂商。
　　字节跳动旗下的剪映（见图1-1）功能丰富，简单易用，广受欢迎。剪映既有可在手机、平板电脑等移动设备使用的移动端，也有可在PC端使用的专业版。目前剪映拥有丰富的视频、音频、贴纸素材库及特效滤镜，且全面接入AI，能智能识别字幕、生成特效文字，对电脑性能要求低，适合抖音等自媒体内容创作使用。剪映基础版支持视频剪辑、拼接、添加字幕/滤镜/音乐等常规操作，但导出视频含剪映水印（可通过付费去除），部分模板/特效需付费解锁（如动态贴纸、专业转场）。收费按会员等级，VIP连续包年218元/年，SVIP连续包年499元/年。下载地址：https://www.capcut.cn/。
　　Adobe的Premiere（见图1-2）在专业视频制作领域具有极高的知名度和市场份额。其剪辑功能强大,支持多轨道编辑、动态图形模板、音频修复、Lumetri 调色,无缝衔接 Adobe 生态(After Effects、Photoshop 等),支持 4K/8K 超高清素材处理。参数调节丰富,但软件价格昂贵,订阅制个人版约 50 美元 / 月,国内约 3499 元 / 年,部分 AI 功能在国内无法使用。其优势在于能够与同属 Adobe 的 After Effects、Photoshop、Audition 等后期特效制作软件、图形图像处理软件、音频编辑软件密切配合。下载地址:https://www.adobe.com/products/premiere.html。

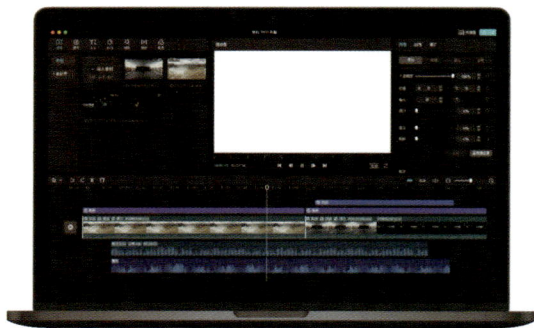

图 1-1　剪映示例图

图 1-2　Premiere 启动界面示例图

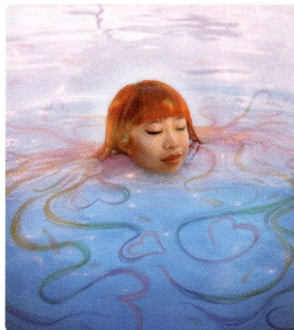

　　Blackmagic Design 的 DaVinci Resolve(见图 1-3)是一款功能强大且易于使用的视频剪辑和调色工具。DaVinci Resolve 以调色软件起步,调色面板提供 Lift、Gamma、Gain 和 Offset 四个调色轮,可以对阴影、中间调、高光和整体画面进行细致调整;独特的节点系统允许用户创建复杂的调色树状结构,每个节点可以单独调节特定区域或应用特定效果;支持 HDR 调色和多种色彩空间,可以满足专业制作需求。目前 DaVinci Resolve 剪辑功能趋于完善,特效和音频功能也已具备,支持多人实时编辑同一项目,节点式合成系统,可处理 3D 粒子 / 光效,参数控制精细,AI 工具实用。收费版盒装版官方售价 2650 元,适合对剪辑和调色要求较高的用户。DaVinci Resolve 有免费版,但免费版不支持 AI 功能且不能剪辑 4K 以上视频。下载地址:http://www.blackmagicdesign.com/products/davinciresolve/。

微课视频 1-1
剪辑软件选择

图 1-3　DaVinci Resolve 示例图

Final Cut(见图 1-4)是苹果公司开发的一款剪辑软件,功能完善,支持磁性时间线、后台渲染加速、ProRes RAW、360°视频编辑等,有众多插件,仅适用于苹果电脑,只能在 macOS 操作系统上运行,软件更新慢,在苹果电脑上使用流畅。使用费用方面,Mac 版 Final Cut Pro 买断约 1998 元,iPad 版 Final Cut Pro 是订阅制,约 38 元 / 月。

图 1-4　Final Cut 示例图

任 务 实 施

一、任务 1：剪映安装

剪映的版本较多,根据自己的设备选择即可。

2019 年 5 月,剪映移动端上线。

2020 年 7 月,剪映 Pad 适配版上线。

2020 年 11 月,剪映专业版 Mac V1.0 上线。

2021 年 2 月,剪映专业版 Windows 版上线。

2022 年 4 月,剪映推出付费版本"剪映专业版"。

2024 年 5 月,剪映网页版上线。

2024 年 8 月,移动版"即梦 AI"正式上线,支持文生图和文 / 图生视频等功能。

剪映作为大众剪辑软件,下载安装都非常简单方便。登录剪映官网 https://www.capcut.cn/,电脑使用下载专业版,手机、平板电脑使用下载移动端。

（1）打开官网下载页面：在浏览器地址栏输入"https://www.capcut.cn/"，打开剪映专业版的下载页面。

（2）下载安装包：点击页面中的"立即下载"按钮，将安装包下载到电脑桌面或其他指定位置。

（3）启动安装程序：下载完成后，找到下载好的安装包文件，双击打开。

（4）更改安装路径（可选）：在安装向导中，点击"更多操作"，然后点击"浏览"，选择除 C 盘外的其他盘符（如 D 盘或 E 盘）作为安装路径，以避免占用过多系统盘空间，设置完成后，点击"确定"。

（5）开始安装：点击"立即安装"，等待软件自动安装并启动，安装过程可能需要一些时间，请耐心等待。

（6）登录账号：安装完成后，点击"立即体验"，软件会自动检测电脑运行环境，检测完成后，点击"点击登录账户"，使用手机上的抖音扫描登录，即可开始使用剪映专业版。

微课视频 1-2
剪映安装

二、任务 2：使用剪映进行简单剪辑

（1）剪映安装完毕后，打开软件，观察其界面（见图 1-5）。

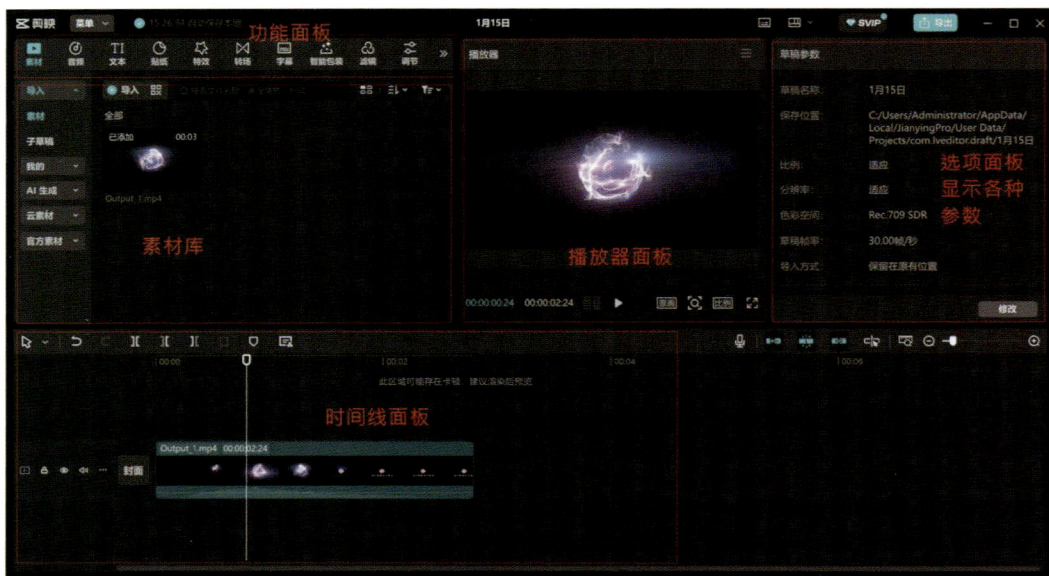

图 1-5　剪映界面

以剪映 V7.5.0 版为例，软件界面包括 4 个面板——功能面板、播放器面板、选项面板和时间线面板，这 4 个面板的大小和位置可通过布局方式（默认布局、素材优先布局、属性调节布局、竖屏创作布局）调整。

功能面板下，有素材、音频、文本、贴纸、特效、转场、字幕、智能包装、滤镜、调节、模板、数字人等功能。

播放器面板可播放当前素材，显示当前时间、时长，选择画质，缩放画面，选择比例，切换全屏。

选项面板随着选择的素材不同,显示各种可调节的参数。

时间线面板用于编辑和管理视频时间线。

②导入素材,添加到轨道,熟悉时间线面板上的常用工具(见图 1-6)。由左至右,分别是选择、撤销、恢复、分割、向左裁剪、向右裁剪、删除、添加标记、定格、倒放、镜像、旋转、调整大小、智能剪口播。

图 1-6　剪映时间线面板工具

分割:以当前时间线所在帧为界,将当前素材分割为两段。

向左裁剪:以当前时间线所在帧为界,删除当前素材的左侧,保留右侧。

向右裁剪:以当前时间线所在帧为界,删除当前素材的右侧,保留左侧。

添加标记:在当前时间线所在帧添加一个标记,右键单击标记—编辑标记,可进一步命名和选择标记的颜色。

③适当放大时间线面板上的素材(点击时间线面板右上角 + 号),从头到尾查看,在需要剪辑的帧点击分割,在需要后续处理的帧点击添加标记,配合使用向左裁剪、向右裁剪,提高剪辑效率。

④剪辑完毕,切换到文本面板,点击智能字幕—开始识别(此功能可能需要开通 SVIP 方可使用),识别完毕字幕会自动添加到时间线上。这时可先在选项面板修改字幕的字体、字号,勾选描边,设置描边的粗细和颜色。接着从头到尾查看素材,检查和校对字幕的文本。

⑤完成上述步骤后,点击导出,在弹出的面板中,输入标题,选择"导出至"的位置。分辨率、码率、编码、格式、帧率以及音频格式可先使用默认设置。

⑥导出完毕后,查看导出的成片,尝试播放。

微课视频 1-3
使用剪映进行简单剪辑

三、任务 3:Premiere 安装

安装 Premiere,首先要选择合适的版本(见表 1-2)。

表 1-2　Premiere 的版本及系统要求

版本	Pr Pro CC 2017	Pr Pro CC 2018	Pr Pro CC 2019	Pr Pro CC 2020	Pr Pro CC 2021	Pr Pro CC 2022	Pr Pro CC 2023	Pr Pro CC 2024
版本号	11	12	13	14	15.×	22.×	23.×	24.×
配置要求	2 GB RAM、Win 7 SP 1	4 GB RAM、Win 7/Win 8/Win 10(仅支持 64 位)	8 GB RAM、Win 10 1703+	8 GB RAM、Win 10 1803+	8 GB RAM、Win 10 2004+	8 GB RAM、Win 10 1909+或 Win 11	16 GB RAM、Win 10 20H2+或 Win 11	16 GB RAM、Win 10 20H2+或 Win 11

Premiere 的第一个版本在 1991 年推出,不断迭代,直至 2002 年的 Adobe Premiere 6.5。

2003 年后调整为 Adobe Premiere Pro 系列,2007 年后调整为 CS 系列,2013 年后调整为 CC 系列。

目前常见的版本如下:

Premiere Pro 25.0(2024 年版);

Premiere Pro 24.0(2023 年版);

Premiere Pro 23.0(2022 年 10 月版);

Premiere Pro 22.6(2022 年 8 月版)、Premiere Pro 22.5(2022 年 6 月版、5 月版)、Premiere Pro 22.3.1(2022 年 4 月版)、Premiere Pro 22.2(2022 年 2 月版)、Premiere Pro 22.1.2、Premiere Pro 22.1.1(2021 年 12 月版)以及 Premiere Pro 22.0(2021 年 10 月版);

Premiere Pro 15.4.1(2021 年 8 月版)和 Premiere Pro 15.4(2021 年 7 月版);

Premiere Pro 14.4(2020 年 9 月版)、Premiere Pro 14.3.2(2020 年 8 月版)、Premiere Pro 14.3.1(2020 年 7 月版)、Premiere Pro 14.3(2020 年 6 月版)、Premiere Pro 14.2(2020 年 5 月版)、Premiere Pro 14.1(2020 年 4 月版)、Premiere Pro 14.0.4(2020 年 3 月版)、Premiere Pro 14.0.3(2020 年 2 月版)、Premiere Pro 14.0.1(2020 年 1 月版)和 Premiere Pro 14.0(2019 年 11 月版)。

不同版本的 Premiere 对计算机的 CPU 性能、内存、显卡和系统版本有不同的要求,下载安装时需要根据自己的计算机性能做出选择。

硬件方面,Premiere Pro 25.0 要求 CPU 2.5 GHz 以上,内存 16 GB 以上,显存 4 GB 以上,低于最低要求的配置难以流畅运行。

选择合适的版本购买或下载,解压后获得安装包,按照提示安装即可。为方便后续与其他软件协同及安装各种插件,安装位置建议使用默认的位置,如 C:\Program Files\Adobe\Adobe Premiere Pro 2025。

微课视频 1-4
Premiere 安装

做一做 1-1　安装 Premiere 任务记录表。

计算机性能	CPU		内存大小	显卡型号及显存大小
安装的 Premiere 版本及版本号	版本			版本号
安装位置				

四、任务 4:使用 Premiere 进行简单剪辑

(1)Premiere 安装完毕后,打开软件,点击新建项目,输入项目名称,选择保存的位置,其他保持默认,点击确定,然后观察软件的界面(见图 1-7)。

以 Premiere 2021 为例,最上方为菜单栏,紧接着是工作区切换栏,分学习、组件、编辑、颜色、效果、音频、图形、字幕、库等工作区,不同工作区包括的面板数量和大小各有不同。学

习工作区左侧包括一组英文的基础引导教程,方便快速了解软件功能。项目面板用于组织和管理项目素材。源监视器用于在选中素材后预览和播放素材。节目监视器用于预览和播放剪辑好的素材。时间线面板用于编辑和管理视频时间线。

（2）切换到组件面板,导入素材,再将素材拖到时间线面板（这时 Premiere 自动以该素材为基础建立一个新的序列）,熟悉时间线面板上的常用工具（见图 1-8）。由上到下,分别是选择工具、向前选择轨道工具、波纹编辑工具、剃刀工具、外滑工具、钢笔工具、手形工具、文字工具。

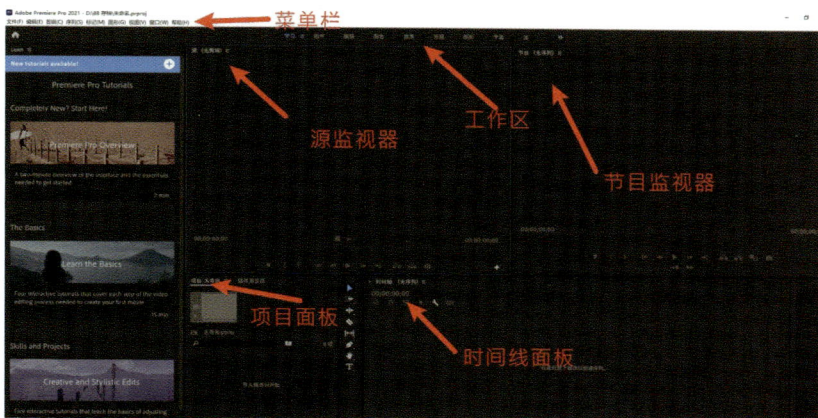

图 1-7　Premiere 界面

图 1-8　Premiere 时间线面板工具

选择工具:用于选择素材。

向前选择轨道工具:用于按时间顺序向前选择轨道上的所有素材,长按此按钮可切换为向后选择轨道工具。

波纹编辑工具:用于改变一个素材片段的长度,当拉长或缩短某个素材时,后面的素材会自动向前或向后移动,以填补或跟随腾出的时间间隙,就像水面上的波纹一样,会依次影响后续的素材。适用于删除或添加一段素材后,希望后面的内容能够自动衔接,保持时间线的紧凑和连贯,而不需要手动逐个调整其他素材的位置。

滚动编辑工具:用于同时调整相邻两个素材片段的时长,在调整过程中,两个素材的总时长保持不变。它通过将一个素材的时长增加,同时减少另一个素材的时长来实现,就像两个素材在时间轴上进行"滚动"交换时长。它适用于需要在两个相邻素材之间微调时长,以达到更好的节奏或叙事效果的情况,而不希望影响整个时间线的其他部分。

内滑工具:主要用于在不改变素材本身长度的前提下,改变素材在时间轴上的入点和出点位置,即改变素材在序列中显示的起始帧和结束帧。通过内滑操作,可以选择素材中不同的部分来显示在序列中,而素材的整体时长和在时间轴上的占用空间不变。"内"表示在素材自身所包含的帧序列范围之内进行操作。使用内滑工具时,是在素材已有的帧内容中选择不同的部分来作为在序列中的显示内容,即通过改变素材的入点和出点,在素材内部滑动选择不同的帧区间来展示,而不改变素材在时间轴上的位置和整体时长,是对素材内部帧的一种操作,所以称为"内滑"。

外滑工具：主要用于在不改变素材入点和出点的情况下，整体移动素材在时间轴上的位置。它会使素材在时间轴上向前或向后滑动，以改变其与相邻素材的时间关系，但素材自身的入点、出点以及时长都保持不变。"外"主要是指相对于素材自身的帧范围之外的时间轴位置。外滑工具操作的是素材在时间轴上相对于其他素材的位置，是让素材在时间轴上整体向前或向后滑动，改变的是素材与相邻素材之间的时间关系，而不涉及素材内部帧的选择和改变，即不改变素材自身的入点、出点以及时长，是在素材外部的时间轴上进行位置移动，所以叫作"外滑"。

剃刀工具：以当前时间线所在帧为界，将当前素材切割为两段。

（3）切换到编辑工作区，熟悉源监视器的常用工具（见图1-9）。从左到右，分别是添加标记、添加入点、添加出点、转到入点、后退一帧、播放、前进一帧、转到出点、插入、覆盖、导出帧。

图1-9　源监视器常用工具

添加标记：在当前时间线所在帧添加一个标记，右键单击标记—编辑标记，可进一步输入标记名称，选择标记持续时间，选择标记颜色和类型。

添加入点：入点是素材中我们希望开始播放或编辑的位置。标记入点后，可以将这段素材的特定部分添加到时间轴上，而不是整个素材。

添加出点：出点是素材中我们希望结束播放或编辑的位置。与入点结合使用，从入点到出点，可以精准定义一段素材的特定片段。

插入：将当前选中的素材（如入点和出点界定的一个片段）插入时间线面板上当前时间线所在帧的前面。

覆盖：将当前选中的素材（如入点和出点界定的一个片段）插入时间线面板上当前时间线所在帧的后面，并且删除时间线上此帧之后与该段素材同等时长的原有片段。

导出帧：导出当前时间线所在帧的图像为图片，并可选择是否导入到项目中。

（4）建立项目，观察其界面。

熟悉功能分区，使用组件面板导入素材，查看素材，添加标记，标记入点、出点，插入素材到轴，剪接镜头，组接段落，完成后导出视频。

微课视频1-5
使用Premiere进行简单剪辑

拓展阅读

国产剪辑软件剪映的逆袭之路

在短视频蓬勃发展的时代，视频剪辑软件如雨后春笋般涌现，而剪映这款国产剪辑软件，却能在众多竞争对手中脱颖而出，书写了一段励志的逆袭故事。

1. 诞生于"火线"的创业项目

2019年3月，字节跳动深圳研发中心，一群怀揣着热情与梦想的开发者们，接到了一个紧急而艰巨的任务——打造一款全新的视频剪辑软件。彼时，短视频的浪潮汹涌澎湃，用户对视频创作的需求日益增长，但市场上缺乏一款既简单易用又功能强大的移动端剪辑工具。字节跳动敏锐地捕捉到了这一市场空白，决定迅速行动。

在一间封闭的会议室里，Kiki和她的十几个同事们，开启了这场"火线"上的内部创业。他们面临着巨大的压力和挑战，因为从立项到上线，他们只有短短两个多月的时间。然而，这群充满创造力和执行力的年轻人，凭借着对技术的热爱和对产品的执着，夜以继日地奋战在代码和设计稿之间。

2. 技术创新突破困境[1]

软件开发初期，技术难题如拦路虎般挡在了他们面前。音视频剪辑的复杂场景，使得全新的技术框架充满了未知和风险。剪映初期的视频导出失败率高达4%，这对于追求完美的团队来说是无法接受的。但困难并没有击垮他们，反而激发了他们的斗志。

他们深入代码的海洋，反复分析、调试，最终发明了内存复用和编码渲染并行的技术框架，这一创新极大地缩短了视频导出的耗时，让剪映在对比测试中一骑绝尘，领先行业同类产品。而对于合成成功率低的问题，他们依靠完善的错误数据统计，快速试错，迭代了两个版本，将视频导出的失败率从4%成功降至1%。

在架构设计上，他们攻克了一个又一个难题，实现了UI状态的一致性、编辑动作灵活撤销/恢复，解决了贴纸/文字动画效果的局限和生产困难。其中，"剪同款"功能的实现，更是让他们在技术上迈出了重要的一步。他们基于编辑引擎构建了剪同款引擎，使用跨平台的Native技术解决双端一致问题，并且建立了一套复杂的自动化基础设施，确保每一次代码更新都能快速回归，保证了软件的稳定性和兼容性。

3. 用户体验至上，细节铸就成功

剪映技术团队深知，一款优秀的剪辑软件，不仅要技术过硬，更要让用户用得顺手、用得开心。因此，他们将用户体验放在了至关重要的位置。从一开始，团队成员就化身"小白"，自学视频剪辑，亲身体验产品，直接与用户交流，了解用户的需求和痛点。

为了满足不同用户群体的要求，他们采用了分模块、多轨道的产品交互模式。打开剪映APP，用户可以直接进入视频剪辑页面，添加素材、选择功能模块，无论是想要快速成片，还是需要精细剪辑，都能轻松找到适合自己的操作方式。他们还推出了"图文成片"功能，让那些擅长文字创作但不会视频剪辑的用户，也能轻松将自己的观点转化为生动的视频作品。

在细节上，剪映更是下足了功夫。他们上线了创意脚本库，为用户提供视频内容策划的灵感；打造了素材生产和共享平台——黑罐头，提供了百万量级的丰富素材；推出了素材包功能，让用户能够更便捷地组合素材，营造视频氛围。这些贴心的设计，不仅提升了创作效率，更激发了用户的创作热情，让用户在使用剪映的过程中，能够充分释放自己的创意。

4. 跨平台布局，拓展创作边界

随着用户对视频创作质量的要求不断提高，剪映团队意识到，仅满足移动场景的视频剪辑是远远不够的。于是，他们加码迭代视频生产工具，于2021年2月正式上线了专业版，补

---

[1]剪映的新故事：视频创作的方式，是时候改变了，https://news.qq.com/rain/a/20210912A0004U00。

齐了 PC 端创作视频的使用场景。专业版的目标非常明确,那就是服务视频自媒体生产,帮助专业作者创作提效。

为了实现移动、PC 等多端的草稿功能互通,真正实现跨平台的剪辑操作,剪映团队克服了诸多困难。不同设备、软件、平台的限制,要求他们在所有方面实现彻底兼容。同时,他们还升级了服务上传、下载以及加解密的速度,以一个 5 GB 的素材为例,上传仅需 12 分钟,并且支持相同文件的秒传,对同一个文件的修改,只需再次备份改动部分,极大地提高了创作效率。

5. 打造创作生态,汇聚创意力量[1]

如今的剪映,已经不仅仅是一款剪辑工具,更是一个充满活力的创作生态。随着剪映平台内视频模板"创作—分发—变现"链条的不断完善,"视频模板师"成为一种新兴的职业。目前,剪映的模板创作人已经超过 10 万,模板量超过 550 万个,模板平均每天都会被使用 5410 万次,有用户创作的模板被使用了超 3000 万次。

剪映的"移动版 + 专业版"矩阵布局,形成了一个一站式的自媒体视频创作平台,辐射初、中、高级的创作者。视频创作的类型也不再局限于短视频,中长视频、服务于视频的素材创作等都在这个平台上蓬勃发展。剪映通过为用户提供一个更完善的创作闭环,汇聚了更多优质的创作者,共同推动了视频内容生态的繁荣。

剪映在众多国际大牌剪辑软件围堵下的成功逆袭,是技术创新与用户体验至上的完美结合,是细节打磨与跨平台布局的协同发力,更是打造创作生态、汇聚创意力量的必然结果。在短视频的浪潮中,剪映凭借着自身的实力和魅力,成为国产剪辑软件的骄傲,也激励着更多国产软件开发人员在各自的领域里奋勇前行,不断探索和创新,为用户带来更加优质的产品和服务。

检查评价

检查测试题

单选题

多选题

判断题

简答题:

1. 请简述剪映在技术创新方面的三项主要突破,并说明其解决的问题。

2. 对比 Premiere 与 DaVinci Resolve 的功能定位及核心优势,列举两点差异。

参考答案

---

[1] 技术社招!揭秘"剪映"技术团队如何从 0 到 1 打造爆款 APP, https://blog.51cto.com/u_12127193/5945728。

学生评价和教师评价

学生自评表

序号	学习目标达成自评	佐证	达标	未达标
1	了解剪辑软件的整体格局	能够说出 3 种剪辑软件名称		
2	熟悉常用剪辑软件的名称、功能特点	能够说出剪映与 Premiere 的功能异同		
3	能够安装剪映	成功安装剪映		
4	能够安装 Premiere	成功安装 Premiere 任一版本		
5	能够熟练使用剪映的常用工具进行简单剪辑	能够顺利完成简单剪辑		
6	能够熟练使用剪映导出视频	导出视频能够顺利播放		
7	熟悉 Premiere 的工作区面板	能够将工作区重置为保存的布局		
8	能够熟练使用 Premiere 的常用工具进行简单剪辑	能够顺利完成简单剪辑		
9	能够熟练使用 Premiere 导出视频	导出视频能够顺利播放		
10	了解剪映的逆袭之路	能够说出剪映的开发过程		

说明：

1. 达标：如果能够完成佐证中的任务，说明该学习目标已达成，打"√"。
2. 未达标：如果无法完成佐证中的任务，说明该学习目标未达成，打"×"。

教师评价表

序号	学习目标达成评价	佐证	达标	未达标
1	了解剪辑软件的整体格局	能够说出 3 种剪辑软件名称		
2	熟悉常用剪辑软件的名称、功能特点	能够说出剪映与 Premiere 的功能异同		
3	能够安装剪映	成功安装剪映		
4	能够安装 Premiere	成功安装 Premiere 任一版本		
5	能够熟练使用剪映的常用工具进行简单剪辑	能够顺利完成简单剪辑		
6	能够熟练使用剪映导出视频	导出视频能够顺利播放		

续表

序号	学习目标达成评价	佐证	达标	未达标
7	熟悉 Premiere 的工作区面板	能够将工作区重置为保存的布局		
8	能够熟练使用 Premiere 的常用工具进行简单剪辑	能够顺利完成简单剪辑		
9	能够熟练使用 Premiere 导出视频	导出视频能够顺利播放		
10	了解剪映的逆袭之路	能够说出剪映的开发过程		

说明：

1. 达标：如果能够完成佐证中的任务，说明该学习目标已达成，打"√"。

2. 未达标：如果无法完成佐证中的任务，说明该学习目标未达成，打"×"。

项目 2

视 频 技 术

学习目标

素质目标	1.通过学习视频技术的细节和规范，培养严谨的科学态度和精益求精的工匠精神。 2.通过处理视频制作过程中出现的文件过大、播放卡顿、色彩失真等问题，养成独立解决问题的习惯。
知识目标	1.了解视频的分辨率、帧大小及其意义。 2.熟识常用的分辨率及其使用场景。 3.了解视频帧速率的定义，熟识常见的帧速率。 4.了解常见的编码标准和封装格式。 5.了解常见的采样率。 6.了解码率的定义及其意义。 7.了解常见的音频格式。 8.了解常见的色彩空间。
能力目标	1.能够根据视频用途在剪映中选择适当的分辨率。 2.能够根据视频用途在 Premiere 中选择适当的分辨率。 3.能够根据视频用途在剪映中选择适当的帧速率。 4.能够根据视频用途在 Premiere 中选择适当的帧速率。 5.能够根据视频用途在剪映中选择适当的编码标准和封装格式。 6.能够根据视频用途在 Premiere 中选择适当的编码标准和封装格式。 7.能够根据视频用途在剪映导出中选择适当的码率。 8.能够根据视频用途在 Premiere 导出中选择适当的码率。

课程内容思维导图

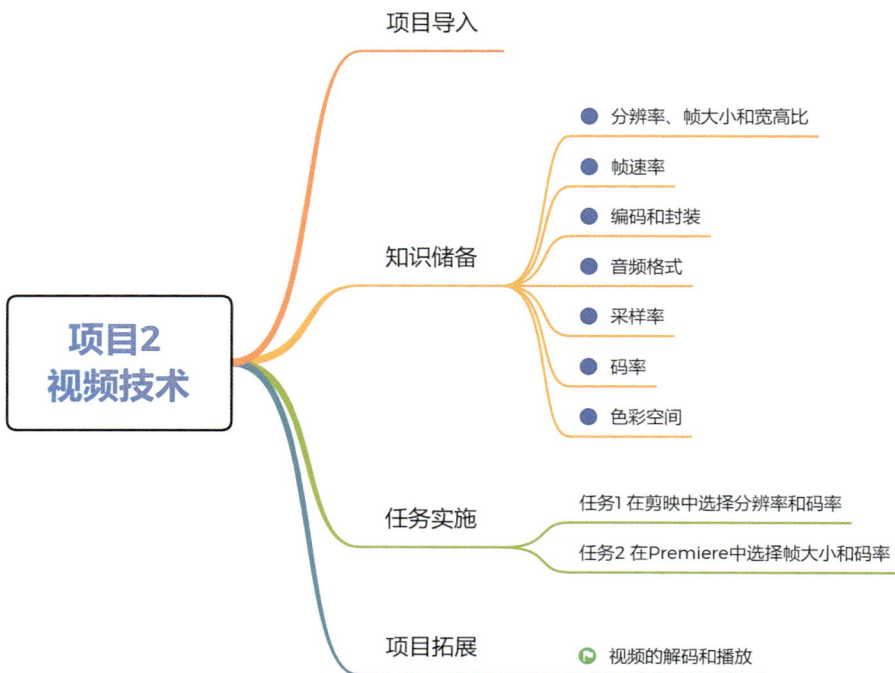

项目导入

知识储备
- 分辨率、帧大小和宽高比
- 帧速率
- 编码和封装
- 音频格式
- 采样率
- 码率
- 色彩空间

项目2 视频技术

任务实施
- 任务1 在剪映中选择分辨率和码率
- 任务2 在Premiere中选择帧大小和码率

项目拓展
- 视频的解码和播放

剪辑软件安装完毕,简单使用还好,但当打开参数面板时,小悠发现参数面板全是陌生按钮,乱拉一气,时对时不对,像开"盲盒"。其实,视频技术不是枯燥按钮,而是把"脑洞"变成画面故事的魔法棒,想从"乱按参数"到"精准控场",就跟着小悠的视角,从视频技术基础操作开始,"解锁"拍摄、调色、特效的技能密码吧!

知 识 储 备

一、分辨率、帧大小和宽高比

分辨率(resolution)指图像或显示设备在水平和垂直方向上的像素点数量,通常以"宽度 × 高度"的形式表示,例如 1920 像素 × 1080 像素,这意味着图像或屏幕在水平方向上有 1920 个像素点,在垂直方向上有 1080 个像素点。

分辨率可以根据不同的应用场景和设备分为多种类型。

(1)屏幕分辨率。

屏幕分辨率指显示器、手机屏幕或其他显示设备能够显示的像素点数量。常见的屏幕分辨率包括:

480P:640 像素 × 480 像素,早期的电视和显示器分辨率。

720P:1280 像素 × 720 像素,高清(HD)分辨率。

1080P:1920 像素 × 1080 像素,全高清(full HD)分辨率,广泛应用于现代电视和显示器。

4K UHD:3840 像素 × 2160 像素,超高清,是 1080P 分辨率的 4 倍,提供更清晰的图像。

8K UHD:7680 像素 × 4320 像素,是 4K 分辨率的 4 倍,目前主要用于高端显示设备。

其他分辨率:如 2K(2048 像素 × 1080 像素)、QHD(2560 像素 × 1440 像素)等。

(2)图像分辨率。

图像分辨率指图像文件的像素大小,通常以"宽度 × 高度"表示。它决定了图像在显示或打印时的清晰度。例如,一张 1920 像素 × 1080 像素的图像包含约 207 万像素,而一张 4K(3840 像素 × 2160 像素)图像则包含约 829 万像素。

(3)打印分辨率。

打印分辨率通常以 DPI(dots per inch,每英寸点数)表示,而不是像素。它描述了打印机在每英寸范围内能够打印的点数。例如,300 DPI 的打印机可以在每英寸内打印 300 个点。打印分辨率越高,打印的图像越清晰。

在常见的视频网站上,通常使用屏幕分辨率来区分清晰度(见图 2-1),如 720P、1080P 等,这里的分辨率其实就是视频的帧大小。

　　视频由一帧帧的图像组成,帧大小是视频中每一帧的宽度和高度,单位是像素,宽高比即宽度与高度的比例。这里的720P,指宽1280像素、高720像素的横向视频,宽高比是16∶9;1080P,指宽1920像素、高1080像素的横向视频,宽高比也是16∶9。4K视频,在网络上通常指宽3840像素、高2160像素的横向视频,宽高比也是16∶9。如果是竖向视频,则把宽度和高度对调,宽高比是9∶16。

　　在剪映中,设置分辨率是在视频导出界面中勾选(见图2-2)。

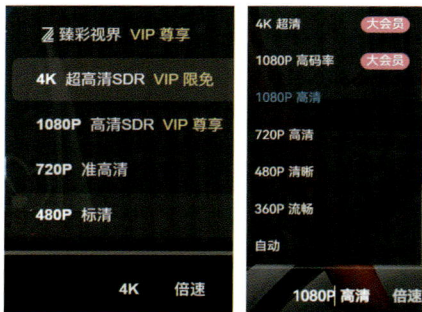

图2-1　视频网站分辨率选择界面　　　　图2-2　剪映分辨率选择界面

　　在Premiere中,分辨率通常在新建序列时设置,有两种设置方法。第一种是在"序列预设"标签,逐级勾选,如1080P视频,可选择DN×HD—1080P 25—DNX LB 1080P 25,其帧大小即为1920h×1080v,即宽1920像素、高1080像素(见图2-3)。第二种是在"设置"标签中,将编辑模式选为自定义后,在帧大小框中输入(见图2-4)。

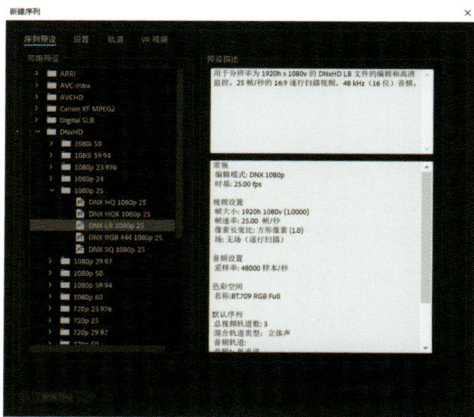

图2-3　Pr分辨率设置界面1　　　　图2-4　Pr分辨率设置界面2

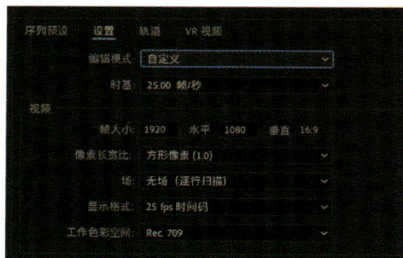

> **做一做 2-1**　竖屏视频的宽高比应该是多少?
> 竖屏视频,如果分辨率是1080P,宽是1080像素,高是1920像素,宽高比是9∶16。如果分辨率是720P,宽是720像素,高是1280像素,宽高比是9∶16。

微课视频 2-1
分辨率、帧大小
和宽高比

二、帧速率

　　人眼在观察物体时,当物体消失后,视觉形象并不会立即消失,而是会在视网膜上保留短暂的时间,这种现象被称为视觉暂留。一般来说,视觉暂留的时间为 0.1～0.4 秒。当一系列连续的画面以一定的速度快速播放时,人眼会将这些离散的画面感知为连续的运动,这是动画和视频能够产生流畅视觉效果的基础。

帧速率(frame rate),简称帧率,指在一秒钟内显示的图像帧数。它是衡量视频播放流畅度的一个重要参数,通常用每秒帧数(frames per second)来表示。例如,30 fps 意味着每秒显示 30 幅静止图像。帧速率越高,视频的流畅度越高,视觉效果也越自然。

常见的帧速率包括:

(1) 24 fps:传统电影胶片的标准帧速率,在电影放映中被广泛使用,给人以"电影感"。

(2) 25 fps:PAL 制式[1]电视广播标准帧速率,在 PAL 制式国家的电视节目中广泛使用。

(3) 30 fps:NTSC 制式电视广播标准帧速率,也是许多视频平台(如抖音、TikTok、YouTube)的默认帧速率。

(4) 29.97 fps:在模拟电视时代,为了兼容黑白与彩色电视信号,解决音频与视频信号的干扰问题,还曾经将 30 fps 稍微降低到 29.97 fps,这种标准一直延续至今。尽管现代数字视频技术已经不再受这些限制,但为了兼容传统设备和内容,29.97 fps 仍然被广泛使用。

(5) 50 fps:PAL 制式高清电视的帧速率,显著减少运动模糊,提供更流畅的视觉体验,适合快速运动场景。

(6) 60 fps:NTSC 制式高清电视的帧速率,高清显示器(如 60 Hz 显示器)、现代视频游戏常用,提供极其流畅的视觉效果,适合快速运动场景,减少延迟,提升用户体验。

(7) 120 fps 及以上:应用场景多为高端电竞显示器(144 Hz、240 Hz)、虚拟现实(VR)、专业体育赛事,提供极致流畅的视觉效果,减少延迟和运动模糊,适合对动态表现要求极高的场景。

帧速率对视觉感知有直接影响,低于 12 fps,人眼可以明显感受到画面的卡顿和不连贯。高帧速率则意味着文件体积更大,编码时需要更高的压缩率以保持文件大小合理。

在剪映中,帧率的选择方法是在视频导出界面中帧率一栏勾选(见图 2-5)。

在 Premiere 中,帧率的设置方法有两种,第一种是在选择序列预设时选定(见图 2-6),第二种是在"设置"标签下设定(见图 2-7)。需要注意的是,在 Premiere 的部分汉化版本中,帧速率被翻译为时基。

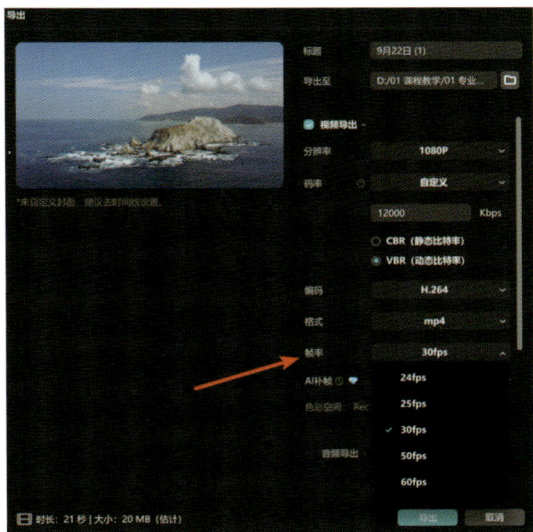

图 2-5　剪映帧率选择界面

[1] 电视制式是指电视信号的编码和解码方式,它决定了电视信号的传输格式和接收方式。主要的电视制式有以下几种:① NTSC (National Television System Committee):北美洲、中美洲、大部分南美洲、大部分亚洲、大洋洲以及部分非洲地区使用。② PAL (phase alternating line):欧洲、非洲、亚洲、大洋洲以及南美洲的部分地区使用。③ SECAM (Séquentiel couleur à mémoire):法国、中东、非洲的部分地区使用。每种制式都有其特定的帧速率、色彩编码和扫描方式。

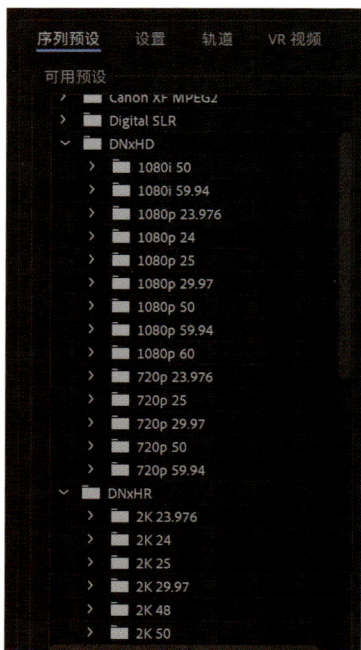

图 2-6　Premiere 帧率选择界面 1

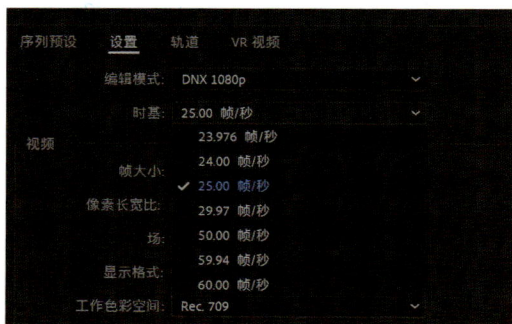

图 2-7　Premiere 帧率选择界面 2

> **做一做 2-2**　抖音平台常用的帧速率是多少？
> 抖音平台目前常用的帧速率是 30 帧每秒，这是目前抖音短视频的主流帧率。此外，也有部分视频的帧速率是 60 帧每秒。

微课视频 2-2
帧速率

三、编码和封装

编码即编写代码，这些代码是一组规则，包括一系列定义明确且记录在案的数学工具和算法，用来将视频信息从一种形式转换成另一种形式，目的是减小文件体积，方便存储和传输，因为原始的视频文件数据量庞大，大多数情况下，大到无法存储和传输。

如 1920 × 1080 分辨率、30 fps 帧速率的视频，每秒约 186.6 MB，一部 90 分钟电影近 1000 GB；短视频平台上 15 秒的短视频，未经编码压缩时体积为 1 GB，存储和传输困难，因此需编码压缩。

与之相对，解码是解释代码，运用同样的规则，在播放时将代码还原为音视频信息。

编码方法多种多样，不同的组织制定了不同的编码标准，常见的视频编码标准包括：MPEG 系列编码 MPEG-1、MPEG-2、MPEG-4（见图 2-8）。

MPEG 即动态图像专家组（Moving Picture Experts Group），由 ISO（国际标准化组织）和 IEC（国际电工委员会）联合成立，影响较大的编码标准有 MPEG-1、MPEG-2 以及 MPEG-4，分别于 1990、1994 和 1999 年推出。MPEG-1、MPEG-2 满足了当时 VCD、DVD 等产品的需要。需要注意的是，并没有 MPEG-3，因为当时而言 MPEG-2 足够优秀，稍做修改即可达到 MPEG-3 的传输率，因此没有推出。

MPEG-4 影响较大的是其第 10 部分，即 AVC（advanced video coding，高级视频编码），这个标准也就是 ITU 的 H.264 编码。

ITU 的 H.26× 系列编码。

ITU 即国际电信联盟(International Telecommunication Union),1865 年成立,1991 年推出 H.261,1994 年推出 H.262,1995 年推出 H.263,2003 年推出 H.264(见图 2-9),2013 年推出 H.265。

图 2-8　MPEG 标志图

图 2-9　H.264 标志图

H.264 最大的优势是具有很高的数据压缩比率,在同等图像质量的条件下, H.264 的压缩比是 MPEG-2 的 2 倍以上。若用数据来说的话,一个 100 GB 左右的原始文件,在经过 H.264 编码之后仅为 1 GB 左右,压缩比近 100∶1,这样高的效率非常适合网络传输和无线应用,这也使得 H.264 编码成为高清时代的重要编码之一。值得注意的是, H.264 是 ITU-T 命名的标准名称,ISO/IEC(国际标准化组织 / 国际电工委员会)则将其命名为"高级视频编码"(advanced video coding, AVC),归为 MPEG-4 的第 10 部分。

H.265 相对 H.264 来说压缩比更高,仅需要 H.264 一半的带宽就可以传输相同质量的内容,同时 H.265 也把支持的分辨率提升到 4K(4096 像素 × 2160 像素)乃至于 8K(8192 像素 × 4320 像素)的层次,为超高清视频的传播奠定了基础,但它的编码和解码需要相对 H.264 高的硬件和算力。值得注意的是, H.265 是 ITU-T 命名的标准名称, ISO/IEC(国际标准化组织 / 国际电工委员会)则将其命名为"高效视频编码"(high efficiency video coding , HEVC)。

以上是国际组织制定的通用标准,影响广泛但标准不高。以下几个知名企业主导的标准,往往能解决某一特定问题而具有特别的影响力。

VP9(见图 2-10):由 Google 主导,于 2013 年推出。它的优点是免费开源、广泛支持,能在网络带宽较小的情况下提供良好的视频质量。缺点是需要更高的计算能力,硬件支持不如 H.264 和 H.265。

AV1(见图 2-11):由 Alliance for Open Media 主导,于 2018 年推出。它的优点是免费开源、未受专利限制、压缩效率高,能够提供更好的视频质量。不足之处是需要更高的计算能力,硬件支持较少。

图 2-10　VP9

图 2-11　AV1

XAVC（见图 2-12）：是一种由索尼公司开发的高清视频录制和播放格式，主要应用于高端摄影和电影制作。XAVC 在视频质量、色彩深度 [1] 和动态范围 [2] 等方面有优异表现，支持 4K 和 8K 分辨率，压缩比高，播放流畅。

ProRes（见图 2-13）：是由苹果公司推出的专业视频编解码标准，采用帧内编码 [3]，针对电影和视频后期制作领域。它支持多种分辨率和帧速率，能够高效地保留高质量视频，对颜色和色彩深度的还原效果也非常好。

图 2-12　XAVC

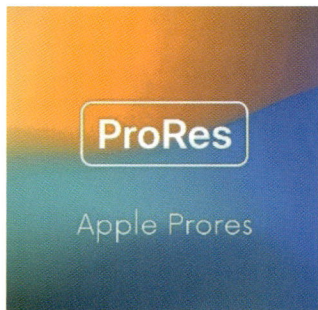

图 2-13　ProRes

DN×HD：由 Avid 公司开发的专业视频编解码格式，适用于电影和视频后期制作。它支持多种分辨率和帧速率，能够高效地压缩视频数据，并且能够进行协同编辑。

编码之后，还需要将编好码的音视频信息包装到一个文件容器内，这个过程叫封装。不同的编码标准使用的封装格式也就各不相同，常见的有 AVI、TS、MKV、MOV、MP4 等（见表 2-1）。

---

[1] 色彩深度(color depth)，也称色深，指视频中用于表示每个像素颜色的二进制位数，它决定了视频能够呈现的颜色数量和色彩丰富程度。计算机通过二进制数字来存储和表示颜色信息，每一个二进制位可以表示两种状态(0 或 1)，所以色彩深度为 n 位时，每个像素能够表示的颜色数量就是 2^n 种。常见的色彩深度有 8 位、10 位、12 位等。目前常用的 8 位色彩深度意味着每个像素可以用 8 个二进制位来表示颜色，总共能表示 $2^8=256$ 种不同的颜色，一个像素包括三个通道，可以表示 $2^{24}=16777216$ 种颜色。当色彩深度是 10 位时，可以表示 $(2^{10})^3=1073741824$ 种颜色，相比 8 位色深能够呈现出更加丰富、细腻的色彩过渡和层次，减少色彩断层现象，使视频的色彩表现更加逼真自然。

[2] 动态范围指某一变化事物可能改变的跨度，即其变化值的最低端极点到最高端极点之间的区域。视频动态范围具体指视频图像中最亮色调与最暗色调的比值，体现了视频信号能够表达的亮度变化范围。常见视频动态范围会因视频格式、拍摄设备、制作目的等因素有所不同，一般在 100：1～1000：1，好的视频动态范围通常能达到 1000：1 以上。

[3] 其他编码标准通常使用帧间编码，通过运动估计和运动补偿来去除时间冗余。帧内编码则把每一个视频帧都当作独立个体，不依赖其他帧的信息来进行编码，通过对当前帧图像中的像素数据进行一系列操作来去除空间冗余。帧内编码可以独立解码，方便快速定位，而且它的图像质量相对较高，因为不依赖其他帧，就不会受到其他帧编码误差的干扰。但它也有缺点，由于没有利用帧间相关性，要保证图像质量，就需要较多数据来表示每一帧，导致编码数据量大，码率相对较高；同时，它的编码复杂度也高，因为每帧都要进行完整的变换、量化等复杂操作。

表 2-1　常见的编码和封装格式

编码标准	主导组织	封装格式	推出时间
H.264/AVC	ITU	MP4	2003 年
H.265	ITU	MP4	2013 年
VP9	Google	WebM、MKV、MP4	2013 年
AV1	Alliance for Open Media	MP4、WebM、MKV、TS	2018 年
XAVC	Sony	MP4、MXF	2012 年
ProRes	Apple	MOV	2007 年
DN × HD	Avid	MXF、MOV、AVI	2008 年

　　AVI（audio video interleave）是 Microsoft 公司开发的一种视频封装格式，支持多种编解码器，推出于 1992 年，时间较早，压缩比不高，文件体积较大，面对一些新的编码标准时，兼容性稍显不足，逐渐被其他格式取代。但在一些老设备和特定的视频编辑软件中仍有应用，常用于早期视频资料的存储和简单视频制作。

　　TS（transport stream）是一种针对数字广播和数字电视应用而设计的视频封装格式，支持多种编解码器和多个音频 / 视频流同时传输，能够在传输中进行错误检测和纠正，主要用于视频实时传输，如数字电视广播、网络直播等领域。

　　MKV（Matroska video）是一种开放标准的多媒体容器格式，以强大的编码兼容性著称，几乎支持市面上所有的视频、音频编码格式，无论是常见的 H.264、AAC，还是一些小众的编码格式，都能轻松容纳，常用于高清视频的存储和分享，特别是一些包含多音轨、多字幕的视频资源。

　　MOV（QuickTime movie）是由苹果公司开发的一种视频封装格式，支持多种编解码器和多个音频、视频、字幕等的封装，原生支持苹果自家的 ProRes 编码，同时对 H.264、H.265 等编码也有不错的兼容性。在苹果生态系统中广泛应用，剪辑软件大多都支持 MOV 格式的导入和导出。MOV 格式备受摄影师与剪辑师青睐，优势显著，能保留大量图像细节，也支持无损编码，保障素材画质。MOV 格式兼容性良好，在苹果生态系统中无缝协作，在 Windows 系统安装相关解码器后也能正常使用。色彩管理方面，MOV 格式支持多种色彩空间，色彩准确性高，利于调色。音频处理能力强，支持多音轨，音频质量高，方便后期混音。数据处理上，文件体积相对较小，读写速度快，节省存储和传输成本。

　　MP4（MPEG-4 Part 14）是目前最流行的封装格式之一，对 H.264、H.265 等主流编码格式支持良好，并且在移动设备和网络视频播放中具有极高的兼容性。几乎所有的操作系统、移动设备和视频播放器都支持 MP4 格式的播放，是跨平台播放、网络视频播放、移动设备视频存储、视频上传分享等的首选格式。

微课视频 2-3
编码和封装

四、音频格式

　　常见的音频文件格式有 MP3、WAV、AAC、FLAC 等，它们各有特点和应用场景（见表 2-2）。

表 2-2　常见音频格式一览表

格式	压缩类型	音质	文件大小	兼容性	应用场景
MP3	有损压缩	较好（取决于比特率）	较小	最广泛	网络传输、移动播放
WAV	无损音频	最佳	较大	较好	音频编辑、音乐制作
AAC	有损压缩	较好（同比特率下优于 MP3）	较小	广泛	高清视频、流媒体、移动播放
FLAC	无损压缩	最佳	中等	较好	音频收藏、无损播放、音频备份

　　MP3（MPEG-1 audio layer 3）：采用感知编码技术，通过去除人耳难以察觉的声音信息来实现数据压缩，压缩比通常在 1∶10 到 1∶12，可以通过调整比特率来平衡音质和文件大小。常见的比特率有 128 kbps、192 kbps、256 kbps、320 kbps 等，比特率越高，音质越好，文件也越大。目前是广泛使用的音频格式之一，几乎所有音频播放设备和软件都支持 MP3 格式。

微课视频 2-4
音频格式

　　WAV（waveform audio file format）：是一种无损音频格式，能够完整地记录原始音频信号的所有信息，音质非常出色，常用于专业音频制作和音乐制作的中间环节。由于是无损格式，文件大小通常较大。例如，44.1 kHz/16 bit 的 CD 音质 WAV 文件，每分钟大约需要 10 MB 的存储空间。它常用于音频编辑、音乐制作、专业录音等领域，也常作为音频素材用于视频制作等。

　　AAC（advanced audio coding）：是一种比 MP3 更先进的有损音频压缩格式，采用更复杂的算法，在相同比特率下能够提供更好的音质，或者在相同音质下文件更小。它不仅支持立体声，还支持 5.1 声道、7.1 声道等多声道音频，适用于高清视频和环绕声音乐。它是 MPEG-4 标准的一部分，被广泛应用于视频文件（如 MP4）、在线音乐流媒体、移动设备等。

　　FLAC（free lossless audio codec）：是一种无损音频压缩格式，能够将音频数据完整地压缩和解压缩，不损失任何音质信息，压缩后的文件大小通常为原始 WAV 文件的 50% 到 60%。FLAC 是完全开源的，任何人都可以免费使用和修改其源代码，这使得 FLAC 在音频爱好者和开源社区中非常受欢迎。它支持丰富的元数据信息，如专辑封面、歌曲信息等，方便管理和播放。它适用于音频收藏、无损音乐播放、音频备份等场景，尤其受到音频发烧友的喜爱，他们可以在享受无损音质的同时，节省一定的存储空间。

五、采样率

　　视频由一系列连续的图像帧组成，而每一帧图像又可以看作由许多像素点构成。采样过程就是对这些像素点的颜色、亮度等信息进行提取和量化的过程。在进行视频编码时，编码器按照一定的采样规则，每秒对视频中的多帧图像的像素点进行颜色、亮度等信息的采集和量化，这就是采样率。

　　采样率常见的有 444、422、420、411 等，目的是在清晰度和文件大小之间取得平衡。

　　采样是在 YUV 模式下进行的。

　　在黑白电视升级为彩色电视时，为使图像信号传输能够兼容彩色和黑白，人们把颜色模式从 RGB 转换为 YUV。

　　YUV 模式不同于 RGB 的地方是区分了亮度通道和色度通道，YUV 中的 Y 表示亮度

(luminance)，U 和 V 表示色度(chrominance)，色度融合色相和饱和度。这样色度通道有信息时是彩色，没有时就是黑白。

从 RGB 转换为 YUV 时，先计算画面的平均亮度值，$Y = k_r \times R + k_g \times G + k_b \times B$，$R$、$G$、$B$ 前都要乘一个加权因数，权重多少由定义色彩空间的机构确定，合计为 1。

然后分别拿 R、G、B 值减去这个 Y 值，就得到对应的 C_r、C_g、C_b。

通过代数换算，记录时只需要记录 Y 值和 C_r、C_g、C_b 中的两个即可，另一个可计算得到，从而实现像 RGB 一样只用三个通道，就能区分亮度和色度。

采样时，如果是 444，三个通道的信息全部采用，全部记录。

源像素：[Y0 U0 V0]　[Y1 U1 V1]　[Y2 U2 V2]　[Y3 U3 V3]

记录：[Y0 U0 V0]　[Y1 U1 V1]　[Y2 U2 V2]　[Y3 U3 V3]

还原：[Y0 U0 V0]　[Y1 U1 V1]　[Y2 U2 V2]　[Y3 U3 V3]

如果是 422，亮度通道信息全部记录，色度通道只记录一半，即每 4 个取 2 个，如 U 通道只采 U0、U2，弃 U1、U3，V 通道只采 V1、V3，弃 V0、V2，还原时没记录的色度通道信息由相邻像素的信息替换。

源像素：[Y0 U0 V0]　[Y1 U1 V1]　[Y2 U2 V2]　[Y3 U3 V3]

记录：[Y0 U0 V̶0̶]　[Y1 U̶1̶ V1]　[Y2 U2 V̶2̶]　[Y3 U̶3̶ V3]

还原：[Y0 U0 V1]　[Y1 U0 V1]　[Y2 U2 V3]　[Y3 U2 V3]

如果是 411，亮度通道信息全部记录，色度通道每 4 个取 1 个，如 U 通道只采 U0，弃 U1、U2、U3，V 通道只采 V2，弃 V0、V1、V3，还原时没记录的色度通道信息由相邻像素的信息替换。

源像素：[Y0 U0 V0]　[Y1 U1 V1]　[Y2 U2 V2]　[Y3 U3 V3]

记录：[Y0 U0 V̶0̶]　[Y1 U̶1̶ V̶1̶]　[Y2 U̶2̶ V2]　[Y3 U̶3̶ V̶3̶]

还原：[Y0 U0 V2]　[Y1 U0 V2]　[Y2 U0 V2]　[Y3 U0 V2]

如果是 420，则要扩大到 8 个像素来分析，亮度通道信息全部记录，色度通道信息分行不同，如奇数行，U 通道只采 U0、U2，弃 U1、U3，V 通道全放弃；偶数行，U 通道全放弃，V 通道只采 V5、V7，弃 V6、V8。

源像素：[Y0 U0 V0]　[Y1 U1 V1]　[Y2 U2 V2]　[Y3 U3 V3]

　　　　[Y5 U5 V5]　[Y6 U6 V6]　[Y7 U7 V7]　[Y8 U8 V8]

记录：[Y0 U0 V̶0̶]　[Y1 U̶1̶ V̶1̶]　[Y2 U2 V̶2̶]　[Y3 U̶3̶ V̶3̶]

　　　[Y5 U̶5̶ V5]　[Y6 U̶6̶ V̶6̶]　[Y7 U̶7̶ V7]　[Y8 U̶8̶ V̶8̶]

还原：[Y0 U0 V5]　[Y1 U0 V5]　[Y2 U2 V7]　[Y3 U2 V7]

　　　[Y5 U0 V5]　[Y6 U0 V5]　[Y7 U2 V7]　[Y8 U2 V7]

微课视频 2-5
采样率

六、码率

码率(bitrate)和比特率在视频压缩领域是同一个概念，指的是单位时间内传输或存储的数据量，通常以比特每秒(bits per second)来表示，是衡量数据压缩效率和质量的一个重要指标。

码率越高，音、视频的质量就越好，但编码后的文件就越大；码率越小，则情况刚好相反。

压缩的方法通常使用以下三种模式中的一种。

CBR(constant bitrate)，固定比特率、静态比特率，压缩软件从头到尾都使用同一种比特率压缩，优点是压缩过程中不用改变比特率，计算压力稍小；缺点是不管视频、音频变化程度如何都按相同比特率压缩,会导致有些变化不大的片段数据过多,而变化较大的则严重不足,清晰度不够理想。

VBR(variable bitrate),动态比特率,也就是没有固定的比特率,压缩软件在压缩时根据视、音频数据即时确定使用什么比特率,这是以质量为前提兼顾文件大小的方式,推荐使用此编码模式。

在 Premiere 中,还区分 VBR 1 次和 VBR 2 次(见图 2-14),二者的主要区别在于编码过程中对视频内容的处理方式和最终输出的视频质量。VBR 1 次,编码器对视频进行一次编码,根据视频内容的复杂性实时分配比特率。这种方式的优点是编码速度快,但由于编码器在编码时无法预知后续画面的复杂度,可能导致动态场景的画质低于静态场景,从而影响整体视频质量。VBR 2 次编码会进行两次编码。首先,编码器会快速扫描整个视频,分析内容的复杂度并计算出一个合适的码率分配方案。然后,根据这个方案对视频进行第二次编码,以确保视频的动态和静态场景都能获得较为一致和优化的画质。虽然 VBR 2 次编码的输出文件可能在文件大小上与 VBR 1 次相似,但通常能提供更好的视频质量,尤其是在动态场景的表现上。但 VBR 2 次相比于 VBR 1 次,它的编码过程耗时更长,因为需要进行两次编码。总的来说,如果对视频质量有较高要求,特别是在视频内容包含复杂动态场景时,推荐使用 VBR 2 次编码。如果对编码时间有较高要求,或者视频内容相对简单,VBR 1 次可能是一个更快速的选择。

ABR(average bitrate),平均比特率,是 VBR 的一种插值参数。以每 50 帧为一段,低频和不敏感频率使用相对低的流量,高频和大动态表现时使用高流量,可以作为 VBR 和 CBR 的一种折中选择。

> 做一做 2-3　在 Premiere 导出中调整比特率。
> 在 Premiere 导出中调整比特率的方法见图 2-14。
> 做一做 2-4　学会在剪映导出中调整码率。
> 在剪映导出中调整码率的方法见图 2-15。

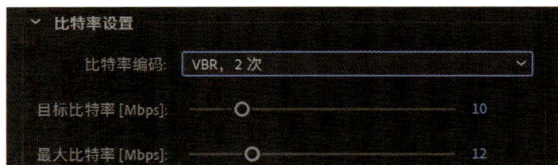

图 2-14　在 Premiere 输出中调整比特率　　　图 2-15　在剪映导出中调整比特率

七、色彩空间

色彩空间又称色域,即颜色的疆域,人眼可见的颜色疆域受可见光的范围影响。光在物理学中可以定义为电磁波,人们可看见的光被称为可见光,它只是电磁波频率范围内很窄的一段,集中在 312.3～745.4 纳米范围内。我们之所以可以辨别色彩,很大原因取决于光线中包含的色光成分。1666 年,牛顿做了一个分解太阳光的色散实验,将太阳光分解为红、橙、黄、绿、蓝、靛、紫七彩色。继续实验发现,有 4 种可以继续分解,有 3 种无法再被分解。无法再被分解的是红、绿、蓝,因此,红、绿、蓝被称为光的三原色,

微课视频 2-6
码率

取英文首字母即为 RGB。

1931 年,国际照明委员会(CIE)画了个图,把各种人眼可见的颜色都置于一条闭合的舌形曲线内(见图 2-16)。图中 x 表示红色分量,y 表示绿色分量,蓝色分量可以用 $1-x-y$ 推算得出;中间的点代表白点,它的坐标为(0.333,0.333)。环绕在色彩空间边沿的颜色是光谱色,边界代表光谱色的最大饱和度,边界上的数字表示光谱色的波长。

进行图像和视频采集编辑时,通常不能把所有可见色域都包括进去,而是在这个可见色域中选择一定的范围,也就是色彩空间。

定义一个色彩空间,需要确定基色、白点、Gamma、亮度等重要参数的值。基色限定色彩空间

图 2-16　CIE 色光图

的边界,即将红、绿、蓝三原色定在不同位置,圈定的范围将不同。白点即最亮的位置,它与亮度一起影响从黑到白的分布阶梯。Gamma 影响分布的方式。

色彩空间会影响色彩精度和准确性,即在图像和视频中呈现的颜色是否与原始颜色相同或接近。在进行视频转换和处理时,选择正确的色彩空间可以减少数据损失和保持色彩准确性。对于一些颜色强烈的图像或视频,选择适当的色彩空间可以最小化在过程中的信息损失。因此,选择适当的色彩空间可以为图像和视频的表现和呈现提供优势,并提高观众体验。

这里 Premiere 给出的选择包括 Rec.709、Rec.2100 HLG、Rec.2100 PQ。

Rec.709 全称 Recommendation ITU-R BT.709,是 ITU 发布的一个建议书。Rec 即建议书,ITU 即国际电信联盟(International Telecommunication Union),ITU-R 指 ITU 的无线电通信部门,而 BT 则代表这一建议书的适用领域是"广播业务(电视)"。

Rec.709 色彩标准是高清电视的国际标准,适用于大部分影片、网络视频。它采用的观看 Gamma 等效为 2.4;亮度 100 nit;白点 D65 坐标值 $X_W=0.3127$,$Y_W=0.3290$;基色 $X_R=0.64$,$Y_R=0.33$,$X_G=0.30$,$Y_G=0.60$,$X_B=0.15$,$Y_B=0.06$。

Rec.2100 也是 ITU-R(国际电信联盟无线电通信部门)制定的标准,它规定了高动态范围(HDR)视频的制作、传输和显示的相关要求。"2100"只是一个标准编号,类似于其他标准(如 Rec.709 和 Rec.2020),它不具备特别含义,仅表示该标准在该组织的标准编号中排在第 2100 个。Rec.2100 采用与 Rec.709 相同的白点,但峰值亮度达到 1000 nit,基色范围也宽很多,$X_R=0.708$,$Y_R=0.292$,$X_G=0.17$,$Y_G=0.797$,$X_B=0.131$,$Y_B=0.046$。

HLG 和 PQ 是 Rec.2100 的两种格式,两种格式均可用于处理 HDR 视频,但它们各自有不同的优点和用途。

HLG 全称 hybrid log-gamma,是一种具有广泛兼容性的 HDR 格式,采用混合 Gamma 的方式,能够在 SDR 和 HDR 显示设备上都显示出一定程度的 HDR 效果。

PQ 全称 perceptual quantizer,是一种专为 HDR 设计的格式。它采用了更复杂的数学公式,可以提供更大的动态范围和更广阔的色彩空间。PQ 能够表现出更为极端的亮度变化,同时允许更丰富的暗部细节以及更鲜艳的色彩。

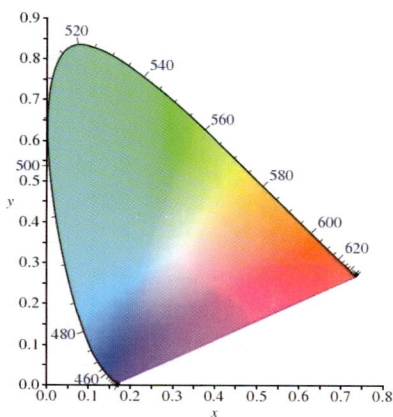

微课视频 2-7
色彩空间

任 务 实 施

一、任务 1：在剪映中选择分辨率和码率

①打开剪映，点击开始创作，导入素材，进行编辑。

②编辑完毕后，点击导出，弹出导出设置界面。

③在"标题"中输入导出视频的名称，在"导出至"中选择存放的文件夹。

④在"分辨率"中选择分辨率。分辨率有 480P、720P、1080P、2K、4K、8K 几个选项，对应的视频宽度和高度值如表 2-3 所示。这是指横屏视频，如果是竖屏视频，则宽度和高度要对调。

表 2-3　剪映中的分辨率选项

分辨率	视频宽度 / 像素	视频高度 / 像素	备注
480P	640	480	
720P	1280	720	
1080P	1920	1080	
2K[1]	2560	1440	
4K	3840	2160	电影 4K 为 4096 像素 × 2160 像素
8K	7680	4320	电影 8K 为 8192 像素 × 4320 像素

⑤在"码率"中选择码率，这将影响视频画质和文件体积大小。有"推荐""更高""更低""自定义"四个选项。在"自定义"下，可选择"CBR（静态比特率）"或"VBR（动态比特率）"，然后输入具体的码率数值，单位是 Kbps。可结合知识储备中"编码和封装"一节的知识，根据导出视频的用途，选择合适的码率。

⑥在"编码"中选择编码标准，剪映提供 H.264、HEVC、AV1 三种编码标准供选择。

---

[1] 2K 分辨率的视频宽度和高度并不统一，在数字电影领域，数字电影倡导组织（Digital Cinema Initiatives，DCI）定义的 2K 分辨率标准为 2048 像素 × 1080 像素，宽高比约为 1.90∶1；在显示器领域，最常见的是 2560 像素 × 1440 像素，宽高比为 16∶9，被称为 QHD 格式，也有 2560 像素 × 1600 像素，宽高比为 16∶10，相对少见。此外，1080P 的 1920 像素 × 1080 像素由于其水平分辨率接近 2000 像素，在一些不太严格的情境下，也会被笼统地归为 2K 的范畴。

（7）在"格式"中选择封装格式，剪映提供 MP4 和 MOV 两种封装格式供选择。

（8）在"帧率"中选择帧速率，剪映提供 24 fps、25 fps、29.97 fps、30 fps、50 fps、59.64 fps、60 fps 七种常用的帧速率供选择。

（9）色彩空间方面，剪映会根据素材自动匹配合适的色彩空间，一般是使用目前广泛普及的 Rec.709 SDR 空间。

（10）在"音频导出"中选择音频格式，剪映提供 MP3、WAV、AAC、FLAC 四种格式供选择。可结合知识储备中"音频格式"一节的知识，根据导出音频的用途，选择合适的格式。

（11）如果需要，还可以导出 GIF 动图和字幕。GIF 动图是可以动态展示多帧图片的图片格式，可选择 240P、320P、640P 三种分辨率，分辨率越高，其画幅越大，文件体积越大。字幕可选择 SRT 格式，SRT 文件除存储字幕文本外，还存储了时间戳。时间戳用于指定字幕文本在视频中的显示时间，每个字幕条目都包含一个开始时间和结束时间，格式通常为"小时：分钟：秒，毫秒"。

微课视频 2-8
在剪映中选择分辨率和码率

二、任务 2：在 Premiere 中选择帧大小和码率

（1）打开 Premiere（这里以 Premiere Pro CC 2023 版为例），选择要导入编辑的素材，点击创建。

（2）Premiere 会以你选择的素材为基础建立一个序列。序列是 Premiere 中用来组织视频、音频、字幕等的一个组合。序列的各项参数与选择的素材一致。

（3）点击菜单序列—序列设置，在弹出的"序列设置"中可修改分辨率等各项设置。

（4）在"编辑模式"中可选择某一预设的编辑模式，其中设置了帧大小、宽高比、像素长宽比、帧速率（通常被翻译为时基）、采样率等一系列参数；或选择"自定义"，自由修改帧大小、宽高比、像素长宽比、帧速率（时基）、采样率等参数。Premiere 内置的编辑模式很多，包括了各个厂家、各个组织机构的编码标准。表 2-4 所示是 DNX 下各个编辑模式的分辨率。需要注意的是，这是指横屏视频，如果是竖屏视频，则宽度和高度要对调。在 Premiere 中设置分辨率等参数，一般建议先选择一个大致合适的编辑模式，然后再将编辑模式更改为自定义，去修改需要调整的参数，其他参数则可以保持默认。

（5）序列设置完毕点击确定，进入编辑界面进行剪辑。

（6）剪辑完毕后，切换到导出标签，在其中设置码率等参数。

表 2-4　DNX 下各个编辑模式的分辨率

编辑模式	帧大小宽度 / 像素	帧大小高度 / 像素
DNX 720P	1280	720
DNX 1080P	1920	1080
DNX 2K	2048	1080
DNX UHD	3840	2160
DNX 4K	4096	2160

（7）在"文件名"中输入视频的名称，在"位置"选择保存的文件夹，在"预设"中可选择某一预设，预设详细规定了编码标准、帧大小、帧速率和目标速率（见图2-17）。

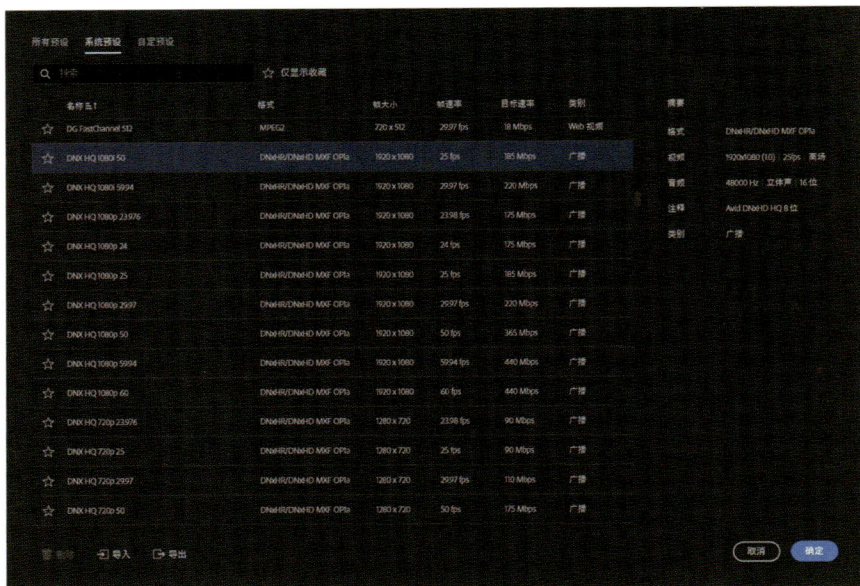

图 2-17　常见 Premiere 预设

（8）也可以不选择任何预设，直接在"格式"中选择编码标准。Premiere 提供的编码标准有很多，常见的如 H.264、HEVC（H.265）、AV1、QuickTime 等。

（9）接着在"视频"栏中下拉，找到"比特率设置"，根据知识储备中"码率"一节的知识和视频的用途选择 CBR（静态比特率）或 VBR（动态比特率，1 次）、VBR（动态比特率，2 次），然后在"目标比特率"中拉动滑杆选择目标比特率，单位是 Mbps，这是影响视频画质和文件体积的关键指标。如果选择的是 VBR（动态比特率，2 次），还可以选择最大比特率，单位也是 Mbps。一般而言，1080P 的视频，在网络上传输，目标比特率设置为 2～3 Mbps 比较合适，最大比特率设置为目标比特率的 2 倍左右。

微课视频 2-9
在 Premiere 中选择
帧大小和码率

（10）点击导出，渲染完毕后，即可在"位置"中指定的文件夹中找到导出的视频。

项 目 拓 展

视频的解码和播放

为了方便存储和传输，需要将原始的视频数据进行编码压缩，以便在视频画质和文件大小之间取得适当的平衡。这样在播放视频时，就必须进行解码。

　　视频解码是将编码后的视频数据还原为原始视频信息的过程，解码器使用与编码器相同的算法和规则，将压缩的数据解压并还原为可以播放的视频。

　　解码器通常内嵌在播放器中，不同的播放器，可以支持的解码器各不相同。因此，在选择编码标准时，还需要考虑视频观看者的情况，尽量选择广泛支持的编码标准。

　　Win 10 和 Win 11 自带的"电影和电视"播放器，支持 MPEG-4、H.264 的编解码，但默认不支持 HEVC (H.265)，因此使用 HEVC (H.265) 编码的视频文件，即使封装格式是 MP4，但如果在 Win 10 或 Win 11 中双击，默认调用"电影和电视"播放器进行播放，会弹出提示"无法播放，需安装 HEVC 视频扩展"。HEVC 视频扩展可以通过 Microsoft Store 安装，但官方版本需要付费。

　　希望播放 HEVC (H.265) 编码的视频，除可以通过安装扩展的方法解决之外，还可以通过安装第三方的播放器予以解决。这里介绍其中一款：VLC 媒体播放器（VLC media player）（见图 2-18）。

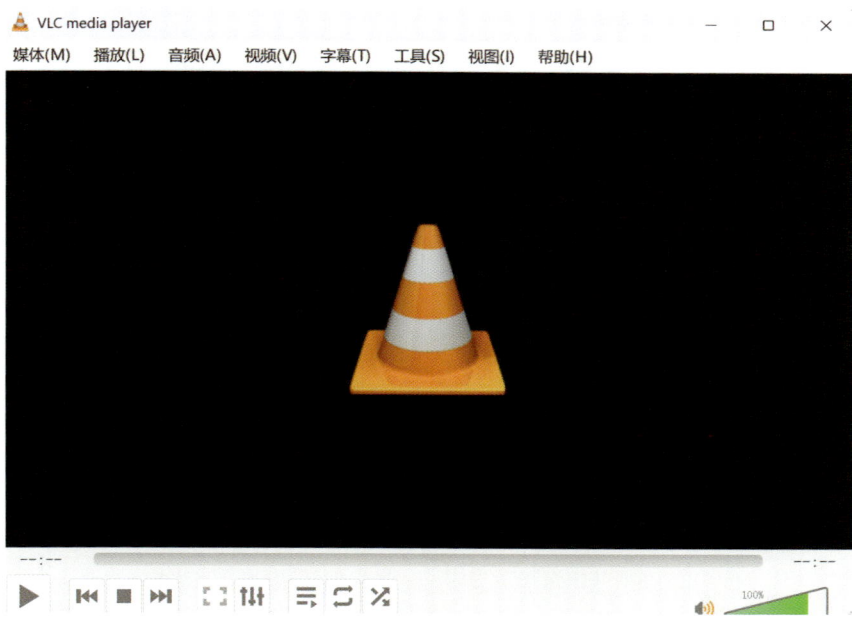

图 2-18　VLC 媒体播放器

　　VLC 媒体播放器是一款由 VideoLAN 项目开发的开源、跨平台的多媒体播放器。它支持多种操作系统，包括 Windows、macOS、Linux、Android 和 iOS。VLC 以其强大的功能、广泛的格式支持和免费开源的特点而闻名，是全球用户喜爱的多媒体播放器之一。VLC 原生支持 H.264/AVC 和 H.265/HEVC 硬件加速解码，能够高效播放高清和超高清视频。官方下载地址：https://www.videolan.org/vlc/index.html。

微课视频 2-10
视频的解码和播放：
VLC 播放器安装

　　同样，Win 10 和 Win 11 自带的"电影和电视"播放器也不支持 QuickTime 编码的视频文件（封装格式是 MOV）。如果尝试播放这些文件，通常会显示"编码格式不受支持"的错误信息。这一情况下也可以使用 VLC 媒体播放器播放，它同样原生支持 QuickTime 编码的视频文件。

检查评价

检查测试题

单选题

多选题

判断题

简答题:

1. 为什么 H.265 编码标准的压缩比高于 H.264？

2. 请解释什么是采样率,并举例说明 444、422、411 和 420 采样率的区别。

参考答案

学生评价和教师评价

学生自评表

序号	学习目标达成自评	佐证	达标	未达标
1	能够根据视频用途在剪映中选择适当的分辨率	能够区分 720P 和 1080P 的异同		
2	能够根据视频用途在 Premiere 中选择适当的分辨率	熟练使用自定义编辑模式设置分辨率参数		
3	能够根据视频用途在剪映中选择适当的帧速率	能够区分 29.97 fps 和 30 fps 的异同		
4	能够根据视频用途在 Premiere 中选择适当的帧速率	熟练使用自定义编辑模式设置帧速率(时基)参数		
5	能够根据视频用途在剪映中选择适当的编码标准和封装格式	导出视频能够顺利播放		
6	能够根据视频用途在 Premiere 中选择适当的编码标准和封装格式	导出视频能够顺利播放		
7	能够根据视频用途在剪映中选择适当的码率	导出的视频画质和文件体积取得适当的平衡		
8	能够根据视频用途在 Premiere 中选择适当的码率	导出的视频画质和文件体积取得适当的平衡		
9	了解常见的采样率	能够区分 444、422、420 的异同		
10	了解常见的音频格式	能够区分有损压缩和无损压缩的异同		
11	了解常见的色彩空间	能够区分 601、709、2020 等色彩空间的异同		

说明:

1. 达标:如果能够完成佐证中的任务,说明该学习目标已达成,打"√"。

2. 未达标:如果无法完成佐证中的任务,说明该学习目标未达成,打"×"。

教师评价表

序号	学习目标达成评价	佐证	达标	未达标
1	能够根据视频用途在剪映中选择适当的分辨率	能够区分 720P 和 1080P 的异同		
2	能够根据视频用途在 Premiere 中选择适当的分辨率	熟练使用自定义编辑模式设置分辨率参数		
3	能够根据视频用途在剪映中选择适当的帧速率	能够区分 29.97 fps 和 30 fps 的异同		
4	能够根据视频用途在 Premiere 中选择适当的帧速率	熟练使用自定义编辑模式设置帧速率（时基）参数		
5	能够根据视频用途在剪映中选择适当的编码标准和封装格式	导出视频能够顺利播放		
6	能够根据视频用途在 Premiere 中选择适当的编码标准和封装格式	导出视频能够顺利播放		
7	能够根据视频用途在剪映中选择适当的码率	导出的视频画质和文件体积取得适当的平衡		
8	能够根据视频用途在 Premiere 中选择适当的码率	导出的视频画质和文件体积取得适当的平衡		
9	了解常见的采样率	能够区分 444、422、420 的异同		
10	了解常见的音频格式	能够区分有损压缩和无损压缩的异同		
11	了解常见的色彩空间	能够区分 601、709、2020 等色彩空间的异同		

说明：

1. 达标：如果能够完成佐证中的任务，说明该学习目标已达成，打"√"。

2. 未达标：如果无法完成佐证中的任务，说明该学习目标未达成，打"×"。

Shipin Duanpian Jianji Huoye Jiaocheng

项目3

素材管理

学习目标

素质目标	1. 通过学习素材导入、查看筛选、转码代理等视频剪辑规范流程，培养严谨的科学态度和精益求精的工匠精神。 2. 在处理素材导入的完整性、名称更改问题，以及转码代理过程中的参数设置等实际问题时，养成独立思考和解决问题的习惯，提高自主学习和实践能力。
知识目标	1. 了解素材导入方法、注意事项和分类方法。 2. 掌握时长、帧宽度、帧高度、数据速率、总比特率、帧速率等视频素材参数的查看方法。 3. 掌握比特率、频道数量、采样频率等音频素材参数的查看方法。 4. 掌握素材的筛选标记方法。 5. 了解视频转码代理的概念和作用，掌握不同分辨率下代理模式的设置方法。 6. 了解 Log 模式及其作用。 7. 掌握 Log 模式素材的还原方法。 8. 了解常用的 LUT 及其使用方法。
能力目标	1. 能够在剪映中正确导入素材并对高分辨率素材进行转码代理。 2. 能够在 Premiere 中熟练导入素材并对高分辨率素材进行转码代理。 3. 能够熟练运用 LUT 进行 Log 素材还原。 4. 能够熟练地对素材进行标记，用颜色区分素材优先等级。

课程内容思维导图

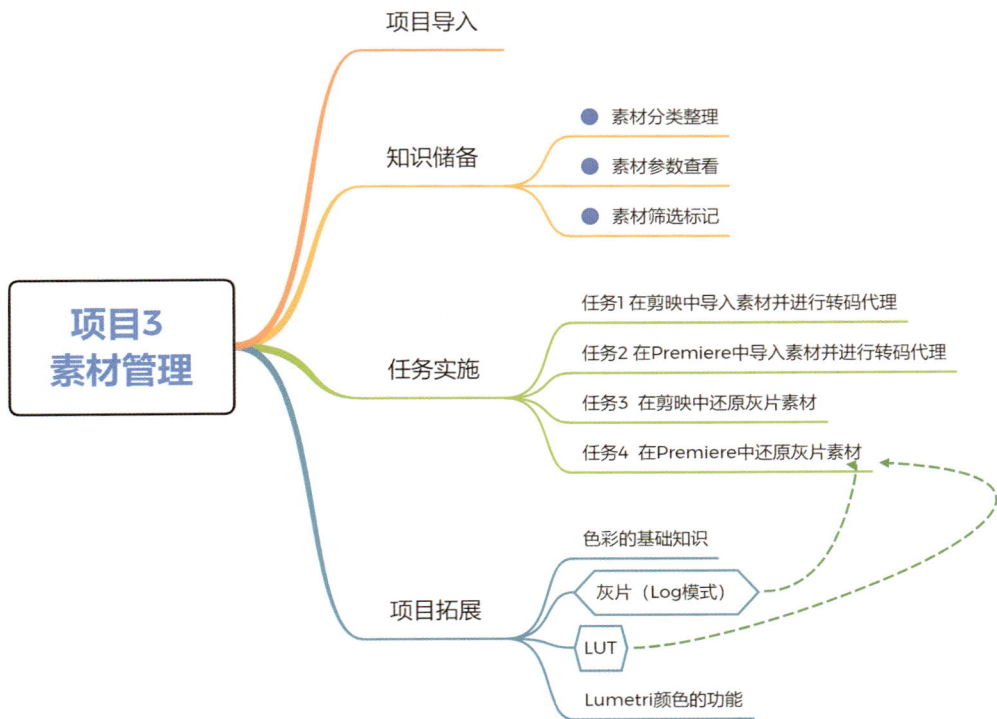

项目导入

知识储备
● 素材分类整理
● 素材参数查看
● 素材筛选标记

项目3
素材管理

任务实施
任务1 在剪映中导入素材并进行转码代理
任务2 在Premiere中导入素材并进行转码代理
任务3 在剪映中还原灰片素材
任务4 在Premiere中还原灰片素材

项目拓展
色彩的基础知识
灰片（Log模式）
LUT
Lumetri颜色的功能

　　新媒体公司"闪光创意组"的实习剪辑助理周野，入职第一周，就被"素材江湖"打了个措手不及：拍摄部丢来的"活动素材_001""备用版_final"文件夹里，混着广告片花絮、产品测评原片、客户修改意见截图；剪辑时想找上周的品牌 TVC 空镜，翻遍硬盘才发现误删在回收站；更别提跨部门协作时，版本号标错导致客户要"第三版"却发成"V2.1"……"素材管理原来不是'随便建个文件夹'这么简单！剪辑素材也得有'科学管理脑'——命名要让同事'秒懂'，分类得按项目逻辑，版本得标注清楚。"现在，跟着周野的视角，从剪辑素材管理逻辑开始，"解锁"命名规则、分类体系、版本管控的"技能包"吧！

知 识 储 备

一、素材分类整理

　　无论哪个剪辑软件，剪映还是 Premiere，导入素材的操作都有非常明显的按钮，非常简单。但值得新手注意的是，导入素材要完整，不要更改名称，要习惯在剪辑软件中查看筛选素材。

　　首先，导入素材要完整，将收集的素材按天分类，全选每张卡的内容全部导入，并保持原来的目录结构。这一步通常需要较长的处理时间，可结合后续的转码等工作，让计算机利用休息时间处理。

　　其次，导入素材不要更改素材的名称。无论是相机还是手机拍摄的素材，素材名称中通常包括相机或手机的品牌型号信息、拍摄日期信息以及素材拍摄的先后顺序，这些是后期处理素材的重要线索，一般不要修改。但要做好文件夹的整理和分类，以便即使是另一个人接手剪辑，也能够一目了然，想要什么，可以迅速找到。

　　图 3-1 所示是一种常用的分类方法，供参考。

　　最后，要习惯在剪辑软件中查看筛选素材。新手要改掉在播放器中查看素材的习惯，养成在剪辑软件中查看素材的习惯。因为在剪辑软件中查看，可一边查看，一边进行标记筛选，更加方便高效。

微课视频 3-1
素材分类整理

二、素材参数查看

　　查看视频素材的参数，可以准确判断素材的很多信息，可以在资源管理器中查看，也可以在剪辑软件中查看。

　　在资源管理器中选中素材，右键—属性—详细信息，可查看视频的时长、帧宽度、帧高度、数据速率、总比特率、帧速率，以及音频的比特率、频道数量、采样频率等具体参数（见图 3-2）。其中的数据速率指视频编码选择的目标码率，总比特率指文件最终实现的码率。

　　在 Premiere 中查看素材参数，可在项目面板中通过预览区域查看。首先选中素材，然后点击项目面板的"更多"图标,在弹出的菜单中勾选预览区域,返回后即可在素材缩略图右侧显示素材参数(见图 3-3)。参数包括素材名称、分辨率、像素长宽比[1]、使用次数、时长、帧速率以及音频的采样率、类型、使用次数等信息。

图 3-1　素材分类

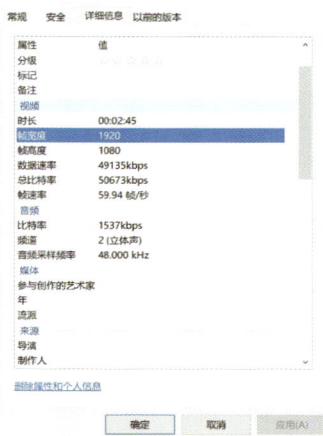

图 3-2　在资源管理器中查看素材参数

剪映目前暂不支持查看素材参数,仅可在草稿参数页面设置视频比例、分辨率、色彩空间和帧速率,这些参数可在最终导出时再次更改。

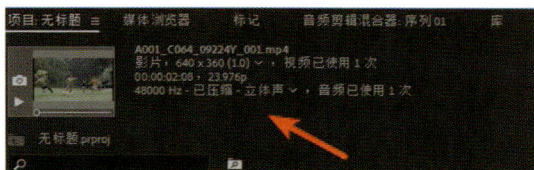

图 3-3　Premiere 预览区域

微课视频 3-2
素材参数查看

三、素材筛选标记

1. 筛选素材之前,先熟悉脚本

筛选素材之前,要先熟悉脚本。脚本是一种详细的规划文档,它以文字和图像(通常是分镜脚本包含画面描述)等形式呈现视频的内容架构和拍摄计划,通常包括场景设置、演员表演、镜头运用、拍摄角度、构图方式等方面的具体要求,可以使视频的导演、摄影师、剪辑师对视频的整体风格、情节发展和节奏有清晰的共识。剪辑师熟悉脚本,才能提前规划剪辑节奏和镜头组接顺序,根据脚本梳理出情节起伏,确定高潮、低谷等关键节点的剪辑方式,在素材挑选和剪辑过程中更有针对性。阅读脚本时,第一遍需把握剧情梗概、片子气质及整体情节起伏线,确定起点、高潮、结尾等关键节点,同时为各段落设定节奏定位,如开场求稳、后续适当加快节奏等。第二遍阅读脚本时,要代入导演角色思考拍摄方式,如脚本中提到人物在哭,应从镜头内容、角度、构

[1] 像素长宽比(pixel aspect ratio,简称 PAR)是指图像中单个像素的长度与宽度之间的比例关系,现在的视频像素通常是正方形的,即其长度和宽度相等,像素长宽比为 1∶1。但早期的一些视频,如 DV-PAL 制式分辨率为 720 像素 × 576 像素,像素长宽比为 1.067;DV-NTSC 制式分辨率为 720×480,像素长宽比为 0.9。

图、焦段及色彩色调等方面构思,猜想导演需要的具象画面。

2. 筛选素材,可分两遍进行

第一遍认识素材,去除没用的内容(不是删除,可打上黑色、灰色标记)。可利用 Premiere 中的 Q 和 W 键快速掐头去尾,用标记标注重点桥段和镜头,在素材上打标记点,同时留意废镜头(如拍摄前后的边角料内容),这些可能成为后面剪辑的突破口。

第二遍再次查看所有素材,对无穿帮的素材进行重新审视,根据表演状态、画面质量等决定取舍。可进一步加大标记的深度,除打标记点之外,还可根据素材的优先级不同标上不同的颜色,如黄色代表优先级高的素材,粉色次之等。对优先级高的素材,确定合适的剪切点,考虑镜头间的组接和匹配,如动作的连贯性、构图的合理性等。同时,对相似镜头尝试进行拼接,判断是否可用。在挑选过程中,要注重节省时间,对优先级低的素材可简略查看,后期按需再重新挑选。

微课视频 3-3
素材筛选标记

任 务 实 施

一、任务 1：在剪映中导入素材并进行转码代理

(1)剪映的导入面板相对简单,目前支持导入 MP4、MOV、M4V、AVI、WMV、MKV、FLV、3GP 等视频格式。打开剪映,在素材功能面板点击导入,选择素材即可导入。要注意的是,导入素材要完整,不要更改名称。

(2)在编辑高分辨率素材时,电脑需要处理大量数据,会导致卡顿。素材的转码代理可将原始的高分辨率、高码率的素材,转换为较低分辨率、较低码率或更易于处理的代理格式。通过创建代理文件,代理文件数据量小,电脑处理速度快,编辑时更流畅。

(3)在剪映中,开启代理模式的方法有两种。一种是在全局设置中开启,这样以后新建的所有草稿都会默认使用代理模式。具体入口为:菜单—全局设置,可以勾选"新建草稿时,默认开启代理模式"(见图 3-4),进而在"代理位置"中设置代理文件的保存位置。需要注意的是,代理文件通常较大,一般不建议直接保存在 C 盘等系统盘中,可以更改到空余空间较大的其他位置。

另一种是在单个草稿的设置中开启代理模式(见图 3-5)。可以在草稿的性能选项卡下开启代理模式,并选择代理分辨率,例如 720P 或 540P(见图 3-6)。值得注意的是,如果是 4K 素材,建议使用 540P,好处是可以避免宽度被调整,因为 4K 的帧大小为 3840×2160,可以等比例压缩为 540P 的帧大小 960×540。具体入口:草稿参数—代理模式—修改—性能。设置完毕,软件会自动转码,在剪辑预览时使用低码率的文件,导出时再根据需要选择高码率或低码率的文件。通常转码需要较长的时长,具体时长受

微课视频 3-4
在剪映中导入素材
并进行转码代理

电脑配置影响。

图 3-4　剪映开启代理模式 1　　　图 3-5　剪映开启代理模式 2　　　图 3-6　剪映开启代理模式 3

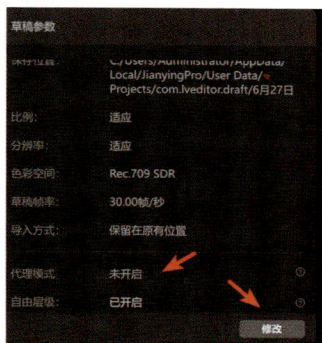

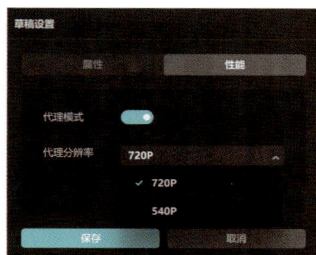

二、任务 2：在 Premiere 中导入素材并进行转码代理

（1）在 Premiere 中导入素材有 4 种方法，一般在 Premiere 中建好项目后进行。具体如下：
①使用"媒体浏览器"面板导入；
②使用"导入"对话框导入；
③将素材拖入"项目"面板；
④在"项目"面板空白处双击鼠标左键。

导入素材后，按素材类型、拍摄日期、机位、场景、主演、景别等对素材进行归纳整理。通常的做法是先按一个属性分类，放进不同的素材箱，再使用颜色标签标记其他属性。注意：整理素材时，一般不修改素材名称，而是保留其原始名称以方便识别，需要标记信息通过标签标记。

（2）为避免剪辑时预览卡顿，减轻计算机解码的压力，通常在进行 4K 素材剪辑时会使用代理模式。所谓代理模式，即在剪辑 4K 等高分辨率视频时，使用较低分辨率的代理文件来提高剪辑的流畅度。这样，即使在配置较低的电脑上，用户也能够流畅地进行视频编辑工作，而不会影响最终导出视频的质量。

（3）在 Premiere 中使用代理模式相对复杂，但也更加灵活，主要在新建项目面板中的"收录设置"标签栏进行设置（见图 3-7）。

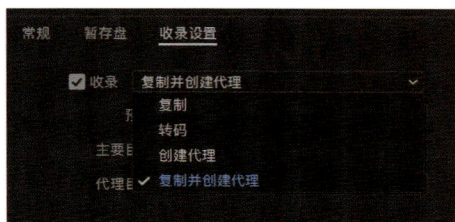

图 3-7　"收录设置"标签栏

（4）"收录设置"用于设置如何处理项目中的素材文件，默认不勾选，即不收录素材文

件,只链接位置和名称。勾选收录后,有 4 种方式,分别是复制、转码、创建代理、复制并创建代理。

"复制"会直接复制素材到项目文件所在的位置。

"转码"会将素材文件转换为指定格式后复制到项目文件所在的位置。

"创建代理"会将素材文件转换为指定格式,复制到项目文件所在的位置,但只在剪辑预览时使用,最终导出时仍可使用源素材。

"复制并创建代理"会先将素材文件复制到项目文件所在的位置,然后转换为指定格式,供剪辑预览使用,最终导出时仍可使用源素材。

以上几项都需要选择复制的位置和转码的标准,即预设。

⑤针对 4K 素材,较适合的预设大小是 960×540,但 Premiere 原有的预设中并没有这样的预设,需要另行创建并导入。方法如下:

①新建项目时选择"收录设置"标签,勾选"收录",从下拉菜单中选择"复制并创建代理"。

②从"预设"中选择一个收录预设,或者点击"添加收录预设"。

③打开 Adobe Media Encoder[1],任选一个视频放入队列。

④在队列面板点击"匹配源 - 高比特率"(见图 3-8)蓝色字体,在弹出的对话框中,将导出设置—视频—基本视频设置中的宽度、高度右侧的勾选框取消勾选(勾选即意味着将宽度和高度与源视频相匹配,这里的源视频为 4K 的,见图 3-9),然后更改为宽度 960、高度 540。

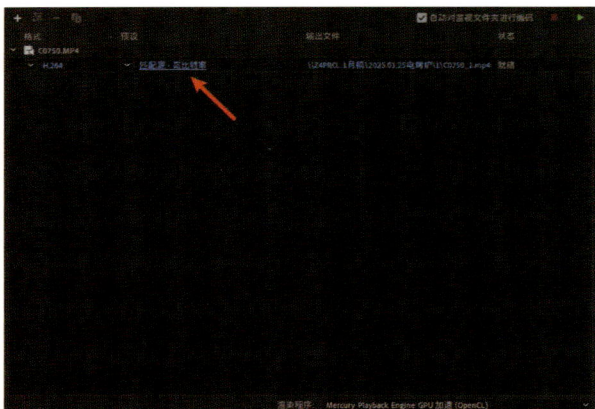
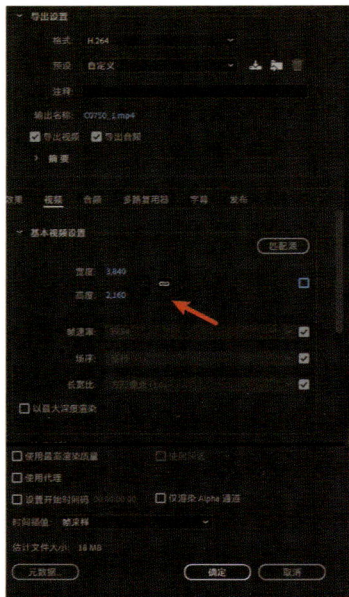

图 3-8　Media Encoder 预设修改入口 1　　　图 3-9　Media Encoder 预设修改入口 2

---

[1] Adobe Media Encoder 是 Adobe 开发的一款媒体编码软件,主要用于将各种格式的视频和音频文件转换成其他格式,以适应不同的播放设备和平台。Adobe Media Encoder 与 Premiere Pro、After Effects 等其他 Adobe 视频编辑和动画制作软件紧密集成,提供了无缝的工作流程。它的下载安装方法基本与 Adobe Premiere 相同,可参考。

⑤点击保存预设（见图3-10），输入名称保存，然后关闭导出设置对话框，这样就保存了一个"编码预设"，将出现在左侧的用户预设栏中。

⑥选中这个编码预设，再点击预设浏览器面板左上角的"＋"按钮，选择"创建收录预设"（见图3-11）。

⑦在弹出的"收录预设设置"面板中，勾选"将文件复制到目标"，并选择合适的保存位置，这是用于存储4K原始素材的位置；勾选"将文件转码到目标"，并选择合适的保存位置，这是用于存储转码之后素材的位置。

⑧在新建的收录预设上右击，选择"导出预设"（见图3-12），即可导出这个收录预设，后缀名为.epr。

图3-10　保存编码预设

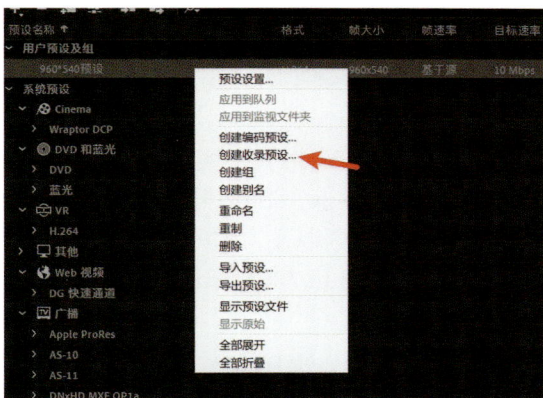

图3-11　创建收录预设

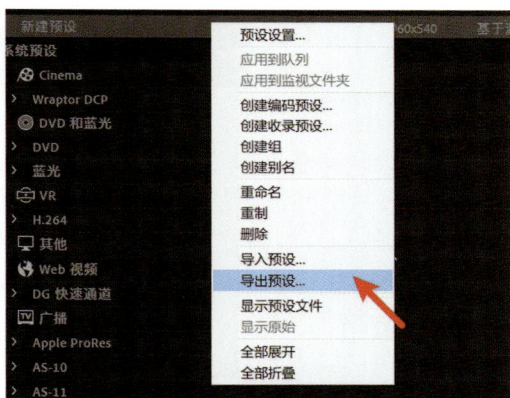

图3-12　导出预设

⑨回到Premiere新建项目面板，点击"添加收录预设"，添加这个收录预设，并将代理目标更改为"使用预设目标"。

（6）这样，当导入4K素材后，Premiere会自动调用Adobe Media Encoder，对素材进行转码，转码后保存于预设指定的位置。转码时间较长，但转码完成后，剪辑时可开启代理剪辑，可较好地避免卡顿。

（7）转码后，开启代理剪辑，4K素材就可以流畅剪辑。方法如下：

①在源窗口或节目窗口打开一段4K素材，点击工具栏中的"＋"。

②在弹出的"按钮编辑器"中把切换代理按钮拖到工具栏。

③点击该按钮，在剪辑过程中使用代理剪辑。

④剪辑完毕，导出前关闭代理剪辑，则可以正常使用4K源素材渲染导出。

微课视频3-5
在Premiere中导入素材
并进行转码代理

三、任务 3：在剪映中还原灰片素材

使用 Log 模式拍摄，可保留较高的宽容度，但在还原前预览素材是灰蒙蒙的样子，俗称"灰片"。还原灰片的方法如下。

（1）在剪映中导入素材后，点击调节—LUT（见图 3-13）。

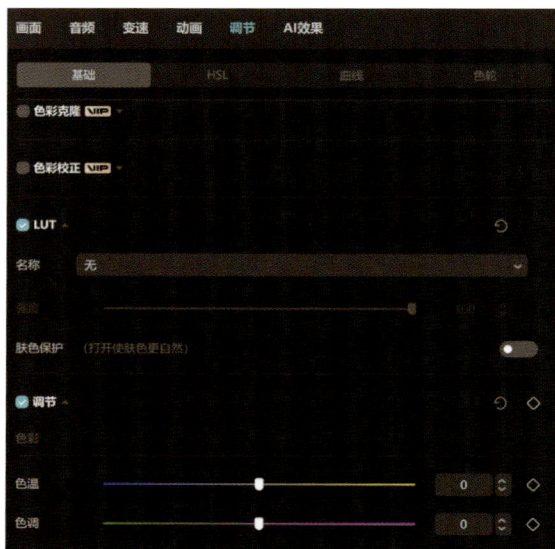

图 3-13　剪映 LUT 入口

微课视频 3-6
在剪映中还原灰片素材

（2）默认安装时，LUT 名称的下拉列表是空的，需要自行下载安装对应的还原 LUT。

（3）许多相机制造商会提供用于 Log 视频的还原 LUT（look-up table），根据自己的相机型号下载相应的 LUT 文件。例如，如果是大疆无人机拍摄的素材，可以在大疆官网找到对应的还原 LUT 并下载 。如大疆官方还原 LUT：DJI Mavic 3 D-Log to Rec.709 vivid LUT。下载地址：https://www.dji.com/cn/downloads/softwares/vivid-lut。

（4）导入 LUT 到剪映：通过调节功能导入下载好的 LUT 文件。将 LUT 文件拖到时间线上，并确保它覆盖了需要还原的视频片段。

（5）调整 LUT 强度：拉动滑杆，观察效果，以达到理想的色彩还原效果。如果需要，还可以进一步手动调色，比如调整色温、色调、对比度和饱和度等。

四、任务 4：在 Premiere 中还原灰片素材

（1）选中所有素材，统一拖入时间轴 V1 轨道。

（2）新建调整图层，命名为"灰片还原"，时长拉至与素材相同。

（3）对调整图层添加 Lumetri 颜色。

（4）到拍摄灰片素材使用的摄影机或无人机官网下载官方还原 LUT。

微课视频 3-7
在 Premiere 中还原灰片
素材

（5）在"基本校正 - 输入 LUT"中，选择官方还原 LUT，这样灰片得到初步还原。预览素材，根据还原情况和拍摄时的光比，同时观察示波器，适当微调基本校正中的曝光、对比度等参数。

项 目 拓 展

一、色彩的基础知识

1. 色彩三属性

人们通常通过 3 个属性来准确描述一种颜色,这就是色彩的三属性:色相(hue)、饱和度(saturation)和明度(luminance),简称 HSL。

色相:色彩的相貌,是色彩的首要特征,如红、橙、黄、绿、蓝、靛、紫等。

饱和度:色彩的纯净程度或者说鲜艳程度,又称纯度。

明度:又称亮度,即色彩的明暗程度。

如果用三个坐标来表示色彩的三属性,就可以在一个三维空间里把所有的颜色都标上号。这其中,最著名的就是孟塞尔色彩系统(Munsell color system),由美国艺术家阿尔伯特·孟塞尔(Albert H. Munsell,1858—1918)在 1898 年创制(见图 3-14)。

孟塞尔色彩系统通过三维空间的方式描述颜色,将颜色的三要素 —— 色相、明度和纯度 —— 分别用不同的尺度表示,中央一圈圆圈表示色彩色相属性的变化,纵轴高低表示色彩明度属性的变化,内外延伸则表示饱和度属性的变化。

1)色相

色相和光密不可分,光是色产生的基础,无光也就无色。光在物理学中可以定义为电磁波,人们可看见的光被称为可见光(见图 3-15),它只是电磁波频率范围内很窄的一段。

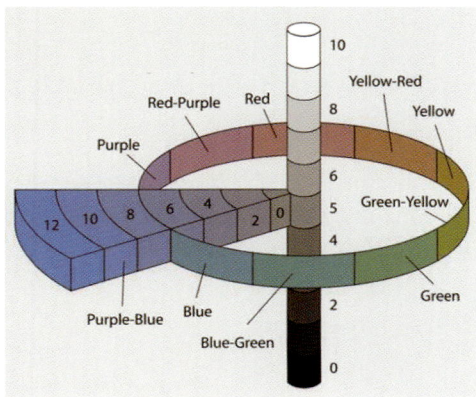

图 3-14　孟塞尔色彩系统

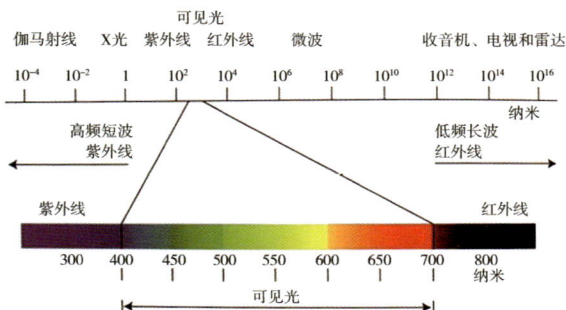

图 3-15　可见光

我们之所以可以辨别色彩,很大原因取决于光线中包含的色光成分。1666 年,牛顿做了一个分解太阳光的色散实验,将太阳光分解为红、橙、黄、绿、蓝、靛、紫七彩色(见图 3-16)。

将这条光谱卷起来,就形成了色相环(见图 3-17)。

色相环将可见光谱卷起来,将人眼所能感知的颜色范围分布在一个平面的色相环上。这样,就产生 0° 到 360° 的圆心角度,每个角度就可以代表一种颜色,如 360° /0° 红、60° 黄、120° 绿、180° 青、240° 蓝、300° 洋红,它们在色相环上按照 60° 圆心角的间隔排列。这也就是孟塞尔色立体的中央一圈。

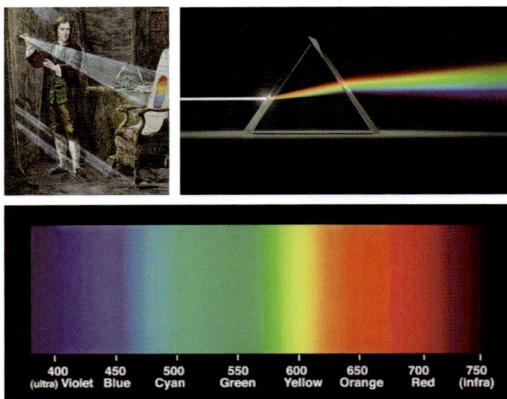

图 3-16　牛顿分解太阳光　　　　　　图 3-17　色谱卷成色相环

2)饱和度

饱和度高低取决于色彩中含色成分和消色成分(灰色)的比例。含色成分越多,饱和度越高;消色成分越多,饱和度越低。饱和度高的色彩通常是纯色,如鲜红、鲜绿;饱和度低的色彩混杂白色、灰色或其他色调的颜色;完全不饱和的颜色根本没有色调,如黑白之间的各种灰色。

高饱和度色彩浓郁,给人张扬、活泼、温暖的感觉,更加吸引眼球,但容易缺乏高级感,造成人眼的视觉疲劳,不适合长时间观看。

低饱和度色彩给人安静、理性、深沉的感觉,人们的容忍程度更高,适合长时间观看,但容易造成不通透、发灰的感觉。

3)明度

色彩的明暗程度在孟塞尔色立体中用纵轴表示,由亮到暗被分为 11 级,用 0~10 表示。0 为黑色,1~3 为低明度,4~6 为中明度,7~9 为高明度,10 为白色。色调中,通常将低明度称为暗调或阴影,中明度称为灰调或中间调,高明度称为亮调或高光。

一幅图像中,根据明度跨越的级数,分为短调、中调和长调。如果跨越的级数小于 3 级,就是短调,3~5 级就是中调,大于 5 级则为长调。

将高、中、低调与长、中、短调两两组合,可得到 10 种调性,分别为低长调、低中调、低短调;中长调、中中调、中短调;高长调、高中调、高短调;此外,还有一个全长调。

2.RGB 三原色

牛顿将太阳光分解为 7 种色光以后,继续实验发现,有 4 种可以继续分解,有 3 种无法再被分解。无法再被分解的是红、绿、蓝,因此,红、绿、蓝被称为光的三原色,取英文首字母即为 RGB。

三原色取其中两种或三种,按照不同比例混合,几乎能混合出太阳光下的所有色彩。红色与绿色混合得到黄色,绿色与蓝色混合得到青色,蓝色与红色混合得到品红色。红、绿、蓝等比例混合,得到灰色;达到一定强度,呈白色;强度都为 0,呈黑色。

计算机屏幕、电视屏幕、手机屏幕等发光物体,在还原色彩时模拟了这一过程,这就是加色法系统(见图 3-18)。

在 Photoshop 中,分别用一个通道模拟一个原色,调色时,可以分别调整 RGB 三个通道中的一个,也可以调整 RGB 复合通道。

可以把通道想象为盛满发光二极管的容器,红色通道放红色发光二极管,绿色通道放绿色发光二极管,蓝色通道放蓝色发光二极管,想要哪个通道亮一点,就多点亮哪个通道的二极管。

二极管数量越多,亮度分级就越细。当只有 1 个二极管时,只有亮和灭 2 种状态。有 2 个二极管,有 4 种状态。依此类推,当有 8 个二极管时,有 256 种状态。在 Photoshop 中,用 0~255 的数字表示,这就是色彩深度(见图 3-19)。常见的有 8 位色深、10 位色深等。三个通道排列组合,8 位色深时可表示 256 × 256 × 256 = 16777216 种颜色,约为 1677 万色。10 位色深可表示 1024 × 1024 × 1024 = 1073741824 种颜色,约为 10 亿色。

微课视频 3-8
色彩的基础知识

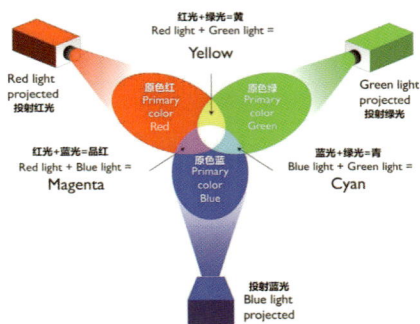

图 3-18　加色法系统

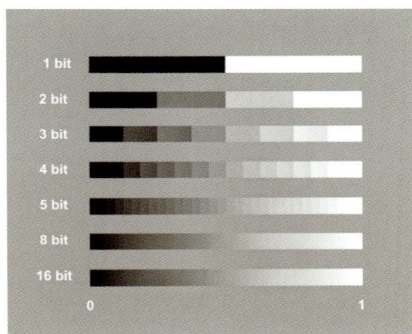

图 3-19　色彩深度

二、灰片(Log 模式)

灰片,也称为 Log 模式,它是一种视频记录模式,具有特殊的曲线,能让传感器在录制时动态范围最大化。Log 模式起源于胶片时代,对于靠银盐化学反应记录光线的胶卷,光照亮度和银盐反应程度呈对数函数关系,使得在低光照强度区域,较小的光照亮度变化能引起相对较大的记录亮度值变化(拉伸暗部细节),而在高光照强度区域,较大的光照亮度变化引起相对较小的记录亮度值变化(压缩高光细节),从而达到扩展动态范围和保留更多细节的目的。

微课视频 3-9
灰片(Log 模式)

在数字摄影中,Log 模式通过记录大量高光和阴影的信息,保留更多的色彩信息和动态范围。在拍摄高对比度场景时,非灰片可能会出现高光过曝或阴影死黑的情况,丢失部分细节;而灰片通过其特殊的对数函数映射关系,在记录时对高光进行压缩、对暗部进行拉伸,使得更多的细节得以保存,后期有更大的调整空间来还原或突出这些细节。

此外，Log 模式一般拥有 10 bit 或更高的位深。相比普通 8 bit 位深的记录模式，更高的位深意味着有更多的数值级别来表示色彩和亮度信息。以 10 bit 为例，它拥有 1024 级色彩级数，而 8 bit 只有 256 级。在记录高光和阴影信息时，更多的级数能够更精细地划分不同亮度和色彩层次，使得在面对复杂光照场景时，无论是高光的微弱变化还是阴影中的细节差异，都能有足够的数值来准确记录，为后期还原提供丰富的数据基础。

但直出（即未还原）的视频看起来对比度和饱和度很低，颜色发灰，需要用 LUT 或其他工具进行色彩还原。

不同的相机厂商有不同的 Log 格式（见表 3-1），例如索尼的 S-Log、阿莱的 LogC、佳能的 C-Log、松下的 V-Log、大疆的 D-Log 等。还原时一般建议使用厂商官方的还原 LUT。

表 3-1　主流相机厂商的 Log 格式

厂商	Log 格式名称	特点描述	适用设备范围
索尼	S-Log	提供宽广的动态范围，适合后期调色，有 S-Log 2 和 S-Log 3 版本，S-Log 3 更接近 Cineon Log 色彩空间，色彩过渡更平滑	索尼专业视频摄像机（如 FS7、FS5、PXW-Z150 等）、部分高端微单（如 A7S 系列、A7R 系列等）
阿莱	LogC	专为阿莱摄影机设计，具有高动态范围和色彩精度，适合电影制作后期调色，色彩空间接近 Cineon Log 色彩空间	阿莱摄影机（如 ALEXA 系列、AMIRA 等）
佳能	C-Log	动态范围较宽，适合后期调色，有 C-Log 1、C-Log 2、C-Log 3 等版本，C-Log 3 动态范围更广	佳能专业摄像机（如 C300 Mark Ⅲ、C500 Mark Ⅱ 等）、部分高端单反/微单（如 EOS R5、EOS R6 等）
松下	V-Log	提供宽广的动态范围和色彩精度，适合后期调色，色彩过渡自然，有 V-Log L 和 V-Log H 等版本	松下专业摄像机（如 VARICAM 系列、BGH1 等）、部分高端微单（如 S1H、S5 等）
大疆	D-Log	专为大疆无人机和云台相机设计，提供宽广的动态范围，适合后期调色，色彩过渡平滑	大疆无人机（如 Mavic 系列、Inspire 系列等）、云台相机（如禅思系列等）
黑鲨	Blackmagic Log	提供高动态范围和色彩精度，适合后期调色，色彩空间广泛，适合电影和视频制作后期处理	黑鲨摄影机（如 URSA Mini、Pocket Cinema Camera 等）
尼康	N-Log	提供宽广的动态范围，适合后期调色，色彩过渡自然，适用于尼康高端视频拍摄设备	尼康高端单反/微单（如 Z7、Z6 等）
RED	REDlogFilm	提供高动态范围和色彩精度，适合后期调色，色彩空间广泛，适合电影制作后期处理	RED 摄影机（如 RED RAVEN、RED MONSTRO 等）
富士	F-Log	提供宽广的动态范围，适合后期调色，色彩过渡平滑，适合富士相机视频拍摄	富士高端微单（如 X-T4、X-S10 等）

三、LUT

LUT 即 look-up table（查找表），本质上是一种函数关系的体现。它建立了输入值与输出值的一一对应机制。在色彩处理领域，不同的色彩空间对同一颜色有着不同的数值表示方式。例如在某个 10 bit RGB 色彩空间 1 中，红色可能表示为"R＝640，G＝102，B＝94"，而在另一个 10 bit RGB 色彩空间 2 中，同样的红色可能表示为"R＝600，G＝90，B＝145"。LUT 在此过程中就像一个翻译器，当需要从色彩空间 1 转换到色彩空间 2 时，它读取色彩空间 1 中颜色的数值（如上述红色的"R＝640，G＝102，B＝94"），然后依据内部预设的映射规则，准确返回色彩空间 2 中该颜色对应的数值（即"R＝600，G＝90，B＝145"），从而实现色彩空间的转换与数据的对应转换。

在实际应用中，Rec.709 是一种广泛应用的色彩空间，我们日常使用的电脑显示器、电视机以及手机、Pad 等设备的颜色标准与 Rec.709 较为接近，甚至部分设备可以校准成 Rec.709 标准，这些设备统称为 Rec.709 设备。以往，大多数摄影机和照相机拍摄的影像都遵循 Rec.709 标准，在 Rec.709 设备上观看能呈现正常的视觉效果。然而，随着技术的发展，如今许多摄影机甚至单反都具备了拍摄 Log 影像的能力。当 Log 影像在 Rec.709 视频监视器上显示时，会出现影调、色调还原失真的问题，画面反差大幅降低，整体偏灰，色彩饱和度也明显降低。这主要是因为 Log 影像与 Rec.709 标准的伽马差异较大，而 LUT 则成为解决这一问题的有效工具。

LUT 文件会根据 Log 空间中亮度、色彩饱和度、色调等参数的分布特点，以及 Rec.709 空间的相应标准参数，建立起两者之间的映射关系，然后设定映射规则，对 Log 格式视频素材的亮度、色彩信息进行全面调整。具体来说，在亮度方面，会重新映射高光、阴影和中间调的亮度值，使原本在 Log 空间中可能过暗或过亮的区域在 Rec.709 空间中得到合理的显示；在色彩方面，会调整色彩的饱和度和色调，使色彩更加鲜艳和自然，纠正 Log 影像在 Rec.709 显示器上出现的色彩失真问题。对于一些没有直接映射关系的输入值，则会采用插值计算方法。例如，在 3D LUT 中，当输入的 RGB 数值组合在预先设定的离散点之间时，通过线性插值、双线性插值或更复杂的插值算法来计算出对应的输出值。通过这些调整，原本在 Rec.709 显示器上影调、色调还原失真，画面反差低且偏灰、色彩饱和度降低的 Log 影像，就能够转换为符合 Rec.709 标准视觉效果的视频画面，从而实现 Log 到 Rec.709 的成功转换，使视频能够在常见的 Rec.709 设备上准确、生动地呈现。相机厂商官方常用的 LUT 见表 3-2。

表 3-2　相机厂商官方常用的 LUT

厂商	LUT 及特点	下载地址
索尼	提供 S-Log 2 和 S-Log 3 的官方 LUT 文件，用于将 Log 格式素材转换为 Rec.709 标准	https://www.sony.com/zh-cn/electronics/support/articles/00197011
佳能	提供 C-Log 和 C-Log 2 的官方 LUT 文件，用于还原高光细节和平衡色彩饱和度	https://www.canon.com.cn/supports/download/simsdetail/0200280405.html
松下	提供多种实时 LUT，包括人像、户外、室内等风格，支持 V-Log 和 V-Log L	https://lumix-base.jpn.panasonic.com/color-lab/
大疆	提供 D-Log 的官方 LUT 文件，适用于大疆航拍设备	https://www.dji.com/cn/lut
小米	提供小米手机相机的 Log 还原 LUT，用于将 Log 素材转换为标准色彩空间	https://kpan.mioffice.cn/webfolder/ext/7Aeg99rBj1j%24uVm31GQvyw%40%40?n=0.11254086369094995

四、Lumetri 颜色的功能

　　Lumetri 调色系统是 Adobe 收购 SpeedGrade 后整合的调色引擎，自 Premiere Pro

CC 2015.3 版本起深度集成于 Premiere 时间线工作流。其命名源自好莱坞著名调色机构 "Lumetri Color"，标志着 Adobe 将传统需要 DaVinci Resolve 等专业软件完成的复杂调色流程深度整合到剪辑时间线，标志着"调剪一体化"工作流的成熟发展。剪映中的调节功能与其类似。下面详细介绍 Lumetri 颜色的几个主要功能（见图 3-20）。

（1）基本校正：快速修复画面基础曝光与色偏问题。允许剪辑师对图像的亮度、对比度、阴影、高光、色温和色调等进行基本的调整。剪辑师可以通过直接拖动滑块或手动输入数值来对图像进行微调，从而达到所需的视觉效果。此外，基本调整模块还提供了曲线工具，可精确调整图像的色调和明暗。

白平衡工具：

色温调节：数值升高画面偏蓝（冷调），降低则偏橙黄（暖调）。色温越高画面越偏冷（蓝），越低越偏暖（黄红）。可用吸管工具吸画面中的白色物体自动计算白平衡，下方色彩调节蓝黄、绿红（洋红）互补。

色彩调节：补偿绿色 – 洋红色偏移。

吸管工具：通过取样中性灰区域自动校正白平衡。

曝光控制：

曝光可理解为控制画面全局光量。对比度越高，画面反差越大越硬朗，可左右拖动调节，降低对比度画面清新，增大则浓郁。阴影是画面暗部，黑色比阴影更暗；高光为亮部，白色比高光更亮。调节时影响画面相应亮度区域，如调节高光会降低高光亮度，调节阴影类似降低对比度效果，提亮黑色会使原本黑色的区域泛白。通过"Alt + 拖动"可临时关闭其他参数，观察单一调整效果。

智能饱和度：

饱和度：可直接调节，饱和度为 0 时画面变黑白，中间值则介于黑白和彩色之间。

自然饱和度：自然饱和度能保护过饱和素材，智能保护肤色等敏感区域不过曝，在风景、人物调色中常用。

（2）创意调色：赋予画面风格化影调。

预设 LUT 库：

内置 ARRI/RED 等摄影机 Log 转换 LUT。

支持导入第三方 .cube 格式 LUT 文件。

胶片质感模拟：

褪色（Fade）参数：模拟胶片褪色效果。

锐化（Sharpen）与颗粒（Grain）控制。

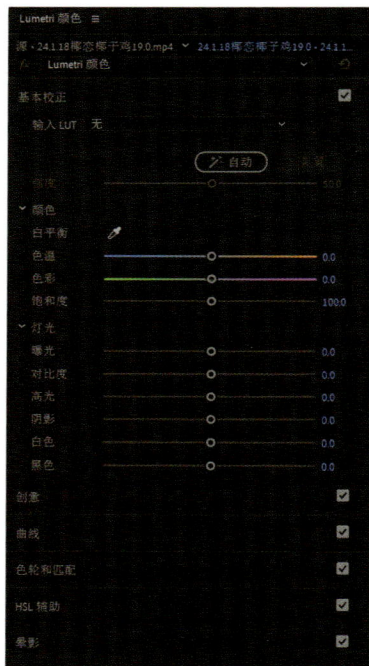

图 3-20　Lumetri 颜色界面

（3）曲线工具：实现精准分频控制。横轴从暗到亮，纵轴像素多少。中间打点上移可提高整体曝光，在暗部或亮部打点移动可改变对应区域亮度，还可进入红、绿、蓝通道调节颜色。Pr 中还有色相和饱和度曲线等，可改变局部颜色参数，达芬奇原理与之相同。

主曲线：RGB 复合曲线，控制整体对比度。

色相饱和度曲线：

色相 vs 饱和度：针对特定色域增减饱和度。

色相 vs 色相：实现颜色替换（如蓝天变青）。

色相 vs 亮度：局部明度调节。

亮度波形图：实时监测 YUV 信号分布。

（4）色轮和匹配：专业级分频调色。

三级调色体系：

阴影 / 中间调 / 高光色轮独立控制。

每个色轮含亮度 / 饱和度调节。

色彩匹配工具：

通过采样参考帧自动匹配色彩。

支持跨时间线片段风格统一。

（5）HSL 辅助：局部选区精准调色。

颜色采样（Color Pick）：通过色相 / 饱和度 / 亮度范围创建蒙版。

蒙版优化（Refine）：降噪 / 模糊 / 边缘羽化。

二次调色：对选定区域进行独立参数调整。

典型应用：人物肤色修正、天空颜色强化。

（6）示波器面板（Scopes）：客观量化色彩数据。

矢量示波器：用于检测色相偏向与饱和度强度，表示色彩方向，画面颜色偏向由白色区域指向决定，可通过色轮或其他工具调节画面色彩倾向，达芬奇也有类似偏转色轮。

分量图：分析三通道曝光平衡。将 RGB 分离，画面从左到右对应分量图位置，可据此判断曝光均匀度和过爆情况。调节曝光、对比度、高光、阴影等参数时，分量图会相应变化，如增大对比度分量图会膨胀，降低则收缩。

波形图：用于检测亮度分布。

直方图：用于评估整体影调层次。横轴代表从暗到亮，纵轴是对应亮度区间像素分布。可用于判断画面亮度信息分布，在达芬奇等软件中通过调节暗部、中灰、亮部及偏移（曝光）来改变画面亮度。

微课视频 3–11
Lumetri 颜色的功能

检查评价

检查测试题

单选题

多选题

判断题

简答题：

1. 请简述在 Premiere 中创建并导入自定义代理预设的步骤。

2. 请简述在剪映中还原灰片素材的操作步骤。

参考答案

学生评价和教师评价

学生自评表

序号	学习目标达成自评	佐证	达标	未达标
1	了解视频素材参数的查看方法，包括时长、帧宽度、帧高度、数据速率、总比特率、帧速率，明确这些参数对视频质量的影响	给定视频素材，能够迅速说出素材的相应参数		
2	了解音频素材参数的查看方法，包括音频的比特率、频道数量、采样频率等，明确这些参数对音频质量的影响	给定音频素材，能够迅速说出素材的相应参数		
3	熟悉常见视频格式 MP4、MOV、M4V、AVI、WMV、MKV、FLV、3GP 的特点和适用场景	能够说出 AVI、MKV、MOV、MP4 格式的异同		
4	了解视频转码代理的概念和作用，掌握不同分辨率下代理模式的设置方法，如 4K 素材转换为 540P 代理文件的具体操作和原理	能够熟练地设置转码代理		
5	了解 Log 模式及其作用，掌握 Log 模式素材的还原方法	能够熟练地还原灰片		
6	了解常用的 LUT 及其使用方法	能够熟练地还原灰片		

说明：

1. 达标：如果能够完成佐证中的任务，说明该学习目标已达成，打"√"。

2. 未达标：如果无法完成佐证中的任务，说明该学习目标未达成，打"×"。

教师评价表

序号	学习目标达成评价	佐证	达标	未达标
1	了解视频素材参数的查看方法，包括时长、帧宽度、帧高度、数据速率、总比特率、帧速率，明确这些参数对视频质量的影响	给定视频素材，能够迅速说出素材的相应参数		
2	了解音频素材参数的查看方法，包括音频的比特率、频道数量、采样频率等，明确这些参数对音频质量的影响	给定音频素材，能够迅速说出素材的相应参数		
3	熟悉常见视频格式 MP4、MOV、M4V、AVI、WMV、MKV、FLV、3GP 的特点和适用场景	能够说出 AVI、MKV、MOV、MP4 格式的异同		
4	了解视频转码代理的概念和作用，掌握不同分辨率下代理模式的设置方法，如 4K 素材转换为 540P 代理文件的具体操作和原理	能够熟练地设置转码代理		
5	了解 Log 模式及其作用，掌握 Log 模式素材的还原方法	能够熟练地还原灰片		
6	了解常用的 LUT 及其使用方法	能够熟练地还原灰片		

说明：

1. 达标：如果能够完成佐证中的任务，说明该学习目标已达成，打"√"。

2. 未达标：如果无法完成佐证中的任务，说明该学习目标未达成，打"×"。

项目 4

镜头剪接

学习目标

素质目标	1. 通过镜头语言、构图和景别的学习，提升对影视作品视觉美感的感知与鉴赏能力。 2. 模拟剪辑团队合作场景，理解导演、摄影师、剪辑师等角色的协同工作模式。 3. 通过运镜设计、情绪剪辑和节奏调整的实践，鼓励创造性表达，探索个性化的剪辑风格。
知识目标	1. 掌握摄影师、导演、编剧、剪辑师对"镜头"的不同界定及分类。 2. 掌握构图（主体、陪体、背景、前景）、景别（远景、全景、中景、近景、特写）、角度（水平/垂直方向）、运镜方式（推、拉、摇、移、跟等）等镜头语言的核心要素。 3. 掌握动作镜头的剪辑点选择。 4. 掌握情绪镜头的剪辑法则。 5. 掌握剪辑动机的六要素。 6. 理解镜头长短与节奏的关系，掌握通过快慢结合、音乐匹配、张弛交替调整节奏的方法。
能力目标	1. 能够根据叙事需求选择合适的镜头并完成流畅组接。 2. 能够在动作镜头中准确选择剪辑点。 3. 能够通过情绪镜头强化情感共鸣。 4. 能够结合镜头分组、快慢交替、音乐匹配优化叙事节奏。 5. 能够使用剪辑软件调整局部速度，实现渐入渐出效果。 6. 能运用所学知识评价视频短片，指出其镜头语言、剪辑动机、节奏设计的优缺点。

课程内容思维导图

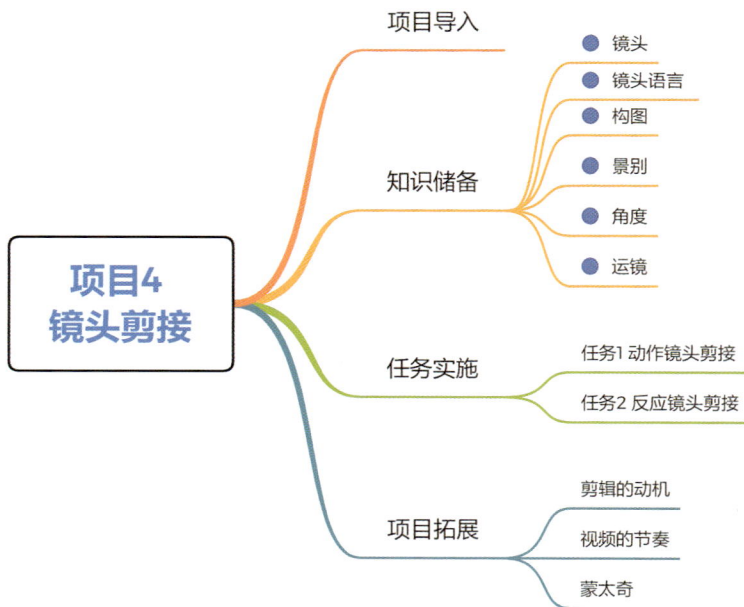

- 项目导入
- 知识储备
  - 镜头
  - 镜头语言
  - 构图
  - 景别
  - 角度
  - 运镜
- **项目4 镜头剪接**
- 任务实施
  - 任务1 动作镜头剪接
  - 任务2 反应镜头剪接
- 项目拓展
  - 剪辑的动机
  - 视频的节奏
  - 蒙太奇

入职第二周,周野被"镜头组接黑洞"绊了个跟头:客户要的样片里,引擎轰鸣的特写硬切到城市道路空镜,节奏像被掐断的琴弦;品牌方想要"科技感转场",成片被吐槽"像零件乱飞的拼贴画"……"镜头剪接哪是'把片段连起来'这么简单!"周野的主管上司说,"镜头组接得有'逻辑手术刀'——前镜动作尾巴要接住后镜情绪开头,风格调性得像同一场雨里的水滴,节奏快慢得和观众呼吸同频,镜头剪接是让画面开口说话的魔法绳。"现在,跟着周野的视角,"解锁"动作连贯术、情绪递进法等镜头组接的技术吧!

知 识 储 备

一、镜头

镜头是摄影机一次捕捉一个特定动作或事件的视觉信息的最小单位。镜头这个词,不同人说有不同的指向(见表 4-1)。

表 4-1　镜头的含义和分类

视角	英文	含义	常见分类
摄影师	lens	摄像机上的光学透镜组	广角、长焦
导演/观众	shot	开停机期间拍摄下来的一段影像	1镜1次、2镜1次
编剧	scene	场景和场面	武打镜头、追逐镜头、喜剧镜头
剪辑师	clip	剪辑点之间的一段画面	主镜头、反应镜头

摄影师说"镜头",英文是 lens,指摄像机上的光学透镜组,通常有广角、长焦,定焦、变焦等,更偏向物理意义。

导演说"镜头",英文是"shot",指的是开停机期间拍摄下来的一段影像。打场记(见图 4-1)时,也会按此区分几镜几次。观众说镜头时,一般而言与导演的用法相同。

编剧说"镜头",是场景和场面,英文是"scene",如武打镜头、追逐镜头、喜剧镜头等。

剪辑师说"镜头",是影视片段,或指剪辑点之间的一段画面,英文是"clip"。

以下是剪辑师常说的镜头细分。

(1)定场镜头(establishing shot):通常是远景,交代发生地点,剪辑时一般用于一场戏的第一个镜头时间,出现在剧情之前。

(2)主镜头(master shot):提供一场戏的全局概况,将所有的主要人物都包括在内,通常是全景。

(3)插入镜头(insert shot):与主镜头配合介绍全局中的某些细部特征或强调情节的重点,

通常是场景中一些微小但能够作为重要细节的镜头,景别多为特写。

(4)切出镜头(旁跳镜头,cut away):从主场景跳切至其他无直接关联的镜头,经常用作表现蒙太奇的手法,可以通过对比或隐喻暗示主题,有时也用于表现回忆与转场等。

(5)过肩镜头(over the shoulder):镜头越过一个人的肩膀进行拍摄,强调前景人物与所看事物之间的关系。从腰部或胸部以上拍摄,对一个角色聚焦的同时,也包含了另一个角色的肩膀。甲的过肩镜头意味着观众越过乙的肩膀看到了甲,乙的过肩镜头意味着观众越过甲的肩膀看到了乙。

(6)反打镜头(反拍镜头,reverse):与前一个镜头的视线相反的镜头,严格来说是180°的,但一般的反打机位夹角在60°~120°之间,通常用于对话场景。

彼此反转角度的两个机位称为"正反打"(shot-reverse-shot),如好莱坞三镜头法就是一个双人镜头接一组正反打镜头。

根据反打镜头是否过肩,还可以分为"内反打"和"外反打",过肩是内反打,不过肩肩膀入画为外反打,内反打更贴近角色的主观视角。

(7)反应镜头(reaction shot,REA):拍摄一个角色对另一个角色或事件的反应的镜头,表现角色对某个声音、事件、动作的反应,展示角色的情感、态度或对发生事情的看法,一般是面部特写,但也可以是手部或其他肢体动作,任何能够显露此人感觉迹象的都是反应镜头。

图 4-1　打场记

短片剪辑中,反应镜头有着异常重要的作用。

剪辑师都知道,一个反应胜于千言万语。剪辑一个或一系列的反应镜头可以激发强大的力量,因为反应镜头展示了人类的情感和思想,也掌控了观众的情感回应:他们是不是会屏住呼吸、大笑、哭泣、担忧或感到愤怒?通常,向观众展示一个人或一群人的反应比起剪辑到底发生什么事情更重要。

当剪辑反应镜头时,首先找到演员或群众对台词或情形做出反应的位置。如果反应不符合场景要求,那继续查看镜头的其他部分以及其他镜头,直至找到更好的反应镜头。

微课视频 4-1
镜头

二、镜头语言

镜头语言是指通过镜头的拍摄手法(如构图、景别、角度、运镜等)和镜头的组合方式来表达情感和讲述故事的一种视觉艺术手段。

这里需要注意镜头语言与视听语言、影视语言、蒙太奇等几个概念之间的区别。

视听语言是电影的画面、声音艺术表现形式的代名词,又是电影艺术手段的总称。无声电影时期,电影的表现手段只有画面和画面的组接,即蒙太奇,所以电影语言就是蒙太奇。电视出现以后,电影语言又称为影视语言。电影有了声音以后,声音逐渐成为与画面同等重要的艺术表现手段;特别是"长镜头"理论出现以后,蒙太奇的概念已不能概括电影语言的全部,人们遂用"视听语言"统称电影的艺术表现手段。

视听语言的基础是电影的两大基本元素——活动影像和同步声音。它涉及镜头内容、镜头形式、分镜头规则和声画关系处理四个方面。具有一定内容和以适当拍摄方式拍摄的镜头是电影视听语言的基本单位,镜头组接和声画关系处理则把它们联结成电影视听结构的整体。视听语言是表现电影内容的基本方式,与剧作、表演一起,共同构成导演创作的三大艺术手段。视听语言也是形成电影风格的主要因素,不同的导演以不同的方式运用视听语言,从而创造出风格各异的影片。

微课视频 4-2
镜头语言

三、构图

构图即构建图像、视频的结构,安排各个画面元素(见图 4-2)。

图 4-2　构图元素示意图

构图首先要确定主体,一般是人物,也可以是其他要表现的对象。主体是主要表现对象,是内容中心,也是结构中心。构图的一大重点就是突出主体,其他元素都是围绕主体,为主体服务的。确定主体之后,再合理安排陪体、前景、背景。图 4-2 中虽然有两个人物,但主体是男主,而女主是陪体。

陪体是与主体联系紧密并一同构成特定情节的对象,起烘托、渲染主体的作用。在图 4-2 中,女主是配合讲述男主故事的陪体。

背景是处于主体之后的人或物,交代主体所处的环境,渲染氛围,如点明主体所处的年代特征、地域特征、自然环境,暗示主体的身份、职业、性格、爱好等,与主体形成象征、对比、隐喻的关系。图 4-2 人物背后物件的好烂隐喻了人物不同的心境。

前景是靠近镜头,处于主体之前的人或物,主要作用是增加层次感。

其次确定主体在画面中的位置,一可以置于画面的几何中心,二可以置于视觉的焦点位置。

画面的几何中心,通常指画面对角线的交叉点,这又称为中心构图法,给人稳重庄严的感觉,但稍显单调呆板。

视觉的焦点位置,常用三分法确定,画面主体放在三等分线或黄金分割线交叉的四点上。

除此之外,常用的构图方法还有对称构图,左右或上下对称;对角线构图,从一个角到另一个角,让观众用目光追随,会产生斜线,产生速度感、方向感;引导线构图,一条让观众的眼睛跟着它走的线,如风景拍摄中的栅栏、崖壁,又如一些物体组成的实线或断线,巧妙运用近大远小透视形成的线条,把注意力引向主体。需要注意的是,不要引向画面之外,而要留在画面之中。

对于拍摄而言,构图的目的是:安排好各个被摄元素的联结关系和组合结构;突出主体;表现视觉美感或表达主题;传递导演个人风格和情感。

对于剪辑而言,构图的第一个目的是挑选和处理素材;第二个目的是让画面更加美观,让人看着更加舒服;第三个目的是引导观众视线,让观众的注意力第一时间落在我们想让观众看的东西上;第四个目的是为剧情服务,暗示主题。主体在上方,给人居高临下的威严感;主体在下方,给人渺小无助感;人物居于边缘两侧,暗示人物之间的疏远和隔阂。

微课视频 4-3
构图

总之,对于视频而言,构图不是目的而是手段,创作者通过构图暗示主体、表现主体,展示创作风格,让观众通过感受拍摄对象的外在形式进而领悟其内在的品质。

四、景别

景别是取景区域、画面范围大小的区别。景别的划分通常以画框截取成年人身体部分的多少作为标准。

(1)远景(long shot,LS):广阔的场面,人物只占很小的画面比例,二分之一以下。

(2)全景(full shot,FS):刚好容纳人物全身。

(3)中景(medium shot,MS):摄取膝盖以上的部分。

(4)近景(close shot,CS):胸部以上的部分。

(5)特写(close up,CU):颈部以上的画面或细节。

不同的景别具有不同的特点。

所有景别中,远景(见图 4-3)视距最远,空间范围最大,画面中人物特征模糊,只能揭示人物运动方向。重点表现环境、风貌,或战争、集会等人多的场面。通常使用高处展开、航拍、升降臂等拍摄。画面超越了观众一般的视觉经验,有极强的影像表现力。

图 4-3　电影《让子弹飞》中的远景镜头

全景（见图 4-4）完整地展现人物的形体、动作，表现人物的内心状态，并能更好地介绍人物所处环境，揭示人与人、人与环境的关系。

图 4-4 电影《让子弹飞》中的全景镜头

中景（见图 4-5）展现部分的面部表情、身体的姿态、手臂的动作。人物的整体形象和环境空间则被淡化。侧重描写人物的动作、交流和故事情节。揭示人物之间的关系，展现故事发展的焦点。中景呈现明确的主体，给观众提供了指向性的视点，提供大量的细节，吸引观众注意力。

图 4-5 电影《让子弹飞》中的中景镜头

近景（见图 4-6）环境被进一步淡化，主体突出，可以看清人物容貌、表情和细微动作，由此刻画角色的性格和内心情感。由于观看距离逼近，观众和表现主体的心理距离相应缩小，形成良好亲切感，类似人际交流。

图 4-6 电影《让子弹飞》中的近景镜头

特写（见图4-7）环境空间被彻底淡化，被摄主体的局部充满画框，可以看到通常难以注意到的细节。特写可以表达非常亲密的两个人的视野，或某种特别的凝视，能有力地表现被摄主体的细部和人物细微的情感变化，通过细节刻画人物，表现复杂的人物关系，展现丰富的人物内心世界。

图4-7　电影《让子弹飞》中的特写镜头

不同的景别不仅能带来不同的视觉效果，也会产生不同的影像观感和心理情绪。

远景视野广阔，景物笼统，不区分主次轻重，观众观看时是超脱的，姿态是旁观者，是居高临下远望的感觉。远景画面内容丰富，信息量大，观众看清需要较长时间，剪辑时可以8 s为参考。

全景镜头对主体不缩小，也不放大，也看得清主体与环境的关系，观众观看是客观的，但视野又是被锁定的，姿态是局外人，是侧面观察的感觉。远景和全景都给观众视觉上遥远、心理上旁观，不介入的超然感觉，传达的情感更为冷静。剪辑时长可以6 s为参考。

中景呈现主体的面部表情、人物动作等，也可以呈现几个人物的活动，交代人与人的关系，观众观看时上一眼下一眼、左一眼右一眼，姿态是打量者。剪辑时长可以5 s为参考。在视频短片中，中景景别占比往往是最多的。

近景表现的重点是主体的面部特征、神态表情和心理活动在面部的细微表现，观众观看的感觉像是走近了细看，姿态是端详者。剪辑时长可以3 s为参考。中景和近景都淡化了环境，更加强调突出主体，情绪感染力更强，观众的亲切感和参与感更强。

特写基本排除了环境，特别表现主体的某一个神情、某一个动作，或者某一个有特别意义的细节画面，观众观看的感觉像是睁大了眼睛看，姿态是凝视。剪辑时长可以1 s为参考。特写镜头不单是叙事，往往还包含着一种不客观、不理智，热烈、激动的情绪。特写镜头不能滥用，观众的情感不像自来水龙头随开随有，而是需要多种视听语言的参与，配合情节慢慢蓄积。

微课视频4-4
景别

五、角度

角度是镜头光轴相对被摄主体，在水平和垂直方向的角度变化。

水平面内的机位安排会产生正面、斜侧面、反侧面、侧面和背面五种角度。

垂直面内的机位安排会产生平视、仰视、俯视和顶视四种方向。

视频短片剪辑中，想要在视角中呈现出一定的新鲜感，就不能一直使用常见的视角，而要有选择地使用一些非常用的视角。

1. 水平角度

（1）正面：正面角度下面部完全呈现，人物表情信息丰富，产生无障碍沟通的幻觉，亲和力强。如果是景物，正面全貌和外部特征完全展示，凸显风貌和气势，容易呈现对称的画面效果，庄严、稳重。但正面角度立体感不强。

（2）斜侧面：斜侧角度是稍稍偏离正面进行拍摄，拍摄人物时能够突显人物五官的立体感，在拍摄中运用最广，既可以看清人物正面，也能勾勒人物轮廓。

（3）反侧面：与斜侧面相反的角度，斜侧面看到的面部较多，反侧面看到的面部少一些。在对话场景中，斜侧面和反侧面通常配合使用，如标准的过肩正反打镜头，会同时出现一个人的前侧面和后侧面。

（4）侧面：摄影机对着被摄主体侧面拍摄，有利于表现动作。侧面角度下主体蕴藏着一种动势，运动的方向和速度感得以很好地呈现。对话场景中，正侧面用作定位镜头，清晰展示人物之间的位置关系，通过双方的对视和动作，营造交流氛围。

（5）背面：摄影机对着被摄主体背面拍摄，表现人物与背景环境之间的关系，含蓄引发观众想象，制造悬念。

2. 垂直角度

（1）平视：摄影机和被摄主体处于同一水平线，和日常观察的视角相同，表现客观、写实、叙事，传递出平等、客观、理性的感情色彩。但平视角度无法给观众视觉上的新鲜感。

（2）俯视：从斜上方往下拍的视角。如果主体是人物，画面中人物矮小，表现人物在环境压制下的渺小与无力，塑造人物的绝望、孤独，观众处在俯视发出的一方，表达对视频中人物蔑视的态度，或怜悯的情感。如果是景物，则可以刻画多层次、大规模的完整场景，给人宽广辽阔的空间感，因此大场面也多用俯视角度拍摄。

（3）仰视：从斜下方往上拍的视角。被摄物在画面中显得高大，刻画建筑与山峰的高耸，刻画威严、强悍的伟人形象，从而使观众产生仰慕崇敬的心理。拍摄角度低，后景被淡化，变成天空或天花板，主体形象进一步突出。由于透视，垂直向上的发散动感强烈，增强物体腾空而起的动势。

（4）顶视：摄影机镜头几乎与地面垂直，从上往下进行拍摄，人物处于镜头正下方，让观众俯瞰一切，是一种"上帝视角"，观众获得视觉冲击和心理优越感。可表现形式上的造型美感，大型团体表演常用。拍摄人物的话，看不清脸，人物往往像蚂蚁一般无助。

微课视频 4-5 角度

角度基本的作用是叙事，选择什么样的角度，需要考虑能不能更好地刻画人物，展现场面和叙述情节。利用角度可以辅助叙事、造型，进行隐喻，并形成导演的个人风格。角度的选择，需要最大限度地提炼生活、概括现实，通过揭示事物的本质，来反映事物象征性的真实。

六、运镜

运镜方式指拍摄视频时摄像机的运动方式，也指后期制作视频时虚拟摄像机的运动方式。运镜方式对于创造动态视觉效果、引导观众视线、增强情感表达以及讲述故事都至关重要。以下是一些常见的运镜方式。

1. 固定镜头

固定镜头(见图4-8)也即静态镜头(static)。按物理学的观点来看,静止也是一种特殊的运动。静态镜头是通过将相机或手机锁定在固定位置的三脚架或稳定器上拍摄,画面完全没有摄像机的运动。静态镜头可实现精巧的构图,充分让演员的表演闪耀。它提供一个稳定画框,画面的动感全部来自画内的元素,既能表现沉稳的静态场景,又能表现画内的动态信息。静态场景的画面相对画框不发生运动,画面内不存在运动的模糊,更容易让观众看清楚,呈现出一幅静谧的画面,既可以是一幅风景画,也可以是一幅人物肖像;当画面有动态信息时,稳定画框可以作为画内运动的参考框架,以静态衬托画面中的运动。实际上,大多数时候我们的视频中都是固定镜头。对初学者而言,确保镜头稳定也是更为优先的要求。

六爷 一路走好
Have a safe journey, Six.

图4-8　电影《让子弹飞》中的固定镜头

2. 推镜头

推镜头(push)是将摄像机逐渐向被拍摄主体靠近,让观众得知重点在哪,强调某一特定的细节,在画面上是慢慢放大的视觉过程。在拍摄中实现推镜头有两种方式:一种是移动推(push in),即焦距不变,摄像机慢慢靠近拍摄主体;另一种是变焦推(zoom in),即摄像机位置不变,通过调整变焦环到长焦端慢慢放大主体。移动推时,主体和背景之间会有明显的透视关系变化,景深变化幅度大,符合人眼的直观感受。而变焦推时,主体和背景之间透视关系变化小,景深变化幅度小,不符合人眼的直观感受。在后期制作中,可以通过放大功能实现推镜头效果。

3. 拉镜头

拉镜头(pull,见图4-9)是将摄像机逐渐远离被拍摄主体,使得拍摄对象不再那么突出,降低主体在画面中的重要性,揭示更多环境背景,在画面上是慢慢缩小的视觉过程。在拍摄中实现拉镜头也有两种方式:一种是移动拉(pull out),即焦距不变,摄像机慢慢远离拍摄主体;另一种是变焦拉(zoom out),即摄像机位置不变,通过调整变焦环到广角端慢慢缩小主体。与移动推相似,移动拉时,主体和背景之间会有明显的透视关系变化,景深变化幅度大,符合人眼的直观感受。而变焦拉时,主体和背景之间透视关系变化小,景深变化幅度小,不符合人眼的直观感受。在后期制作中,可以通过缩小功能实现拉镜头效果。

4. 摇镜头

摄像机固定在一个点上,然后摇动,可以左右摇(pan),也可以上下摇(tilt),可以用来追踪主体的行动,或者揭示两个画面之间的某些关联,它模拟了我们人在固定位置上左右摇头或抬头低头的观看方式。摇镜头拍摄一般是慢慢的,这样才能看清画面,不至于全是运动模糊,也有特别缓慢的,这种会建构期待;而相反,也有快摇(whip pan,又译为鞭盘),也叫甩镜头,可以强调镜头的运动感。如果前期没有设计拍摄,由于缺少对应的镜头素材,后期一般难以制作摇镜头画面,但在动画制作中,可以通过摄像机的 3D 运动模拟。

图 4-9　电影《让子弹飞》中的拉镜头

5. 移镜头

广义上看,前面讲的推镜头、拉镜头、左右摇镜头以及后面将要讲的跟镜头,都是移镜头。狭义上,移镜头主要指升降(boom)、环绕(arc/circular)、手持(handheld)。升降镜头是用起重机、吊臂或基座将摄像机在垂直轨道上向上或向下运动拍摄,小范围的升降可以揭示有效信息,大范围的升降则被用于追踪主体的行动,或者用于捕捉周围的环境信息。环绕镜头也叫弧形运动镜头,摄像机围绕主体 360° 旋转,以圆周弧形拍摄主体,可以多角度还原场面细节。产品视频中经常运用环绕镜头围绕产品一圈拍摄。除了这种水平的圆弧形,也有垂直的圆弧形,通常通过无人机实现。手持镜头是手持摄像机进行拍摄,产生一种自然、不稳定的视觉效果。在传统的电影制作中,除非特殊需要,否则一般会优先使用三脚架来保证画面的稳定性。手持镜头具有一种"呼吸感"和现场的真实感,使观众感觉更加"身临其境"。当然,需要注意的是,日常操作中单纯不用稳定器的手持手机拍摄,也可以算是手持镜头,不过这样拍摄的目的应该是追求真实感,如果是其他目的,还是应该首先保证画面的稳定性。

6. 跟镜头

跟镜头(tracking/ trucking)和被拍摄的主体一起行动,主体运动,摄像机也跟着运动,自然地引导观众注意主体将会去哪、会发生什么。可以从后跟(tracking),拍摄主体背面;也可以从前面跟(tracking),摄像师倒退着拍摄主体正面;更多时候侧跟(trucking),摄像机与被拍摄主体平行运动,主角向左摄像机向左,主角向右摄像机也向右。

微课视频 4-6
运镜

7. 一些特殊镜头

除了固定镜头和推、拉、摇、移、跟,还有一些特殊的运镜方式。一是旋转(roll),这是摄像机本身在旋转,仅仅保持镜头方向不变,摄像机旋转会让人失去方向感,创造一个不平衡的画面空间,非常适合表现惊慌、争执、不适等情绪。二是极速变焦(crash zoom)。为保持画面清晰,变焦操作一般要求是缓慢的,但如果快速地变焦,就可以营造戏剧效果,尤其是喜剧效果。三是滑动变焦(dolly zoom)[1]。滑动变焦是在变焦的同时，与摄像机的移动结合，这可以制造一种眩晕的效果。通常有两种组合：一是摄像机往后移的同时，变焦至长焦端，这会导致前景主体在背景上占主导地位，通常用于突出两个主体之间越来越强的联系；二是摄像机往前移的同时，变焦至广角端，这会导致背景变大，同时前景比例不变，适合于表现一个镜头内的冲突。四是随机运镜(random)。随机运镜由相机抖动、偶然变焦或匆忙发生的某一种运镜组成，用于呈现更加真实、更加亲密的视觉效果，可以看作是一种精心控制的混乱。

　　运镜的难点，不在于了解运镜的形式，而在于理解形式背后所包含的隐含意味，并在理解之后有效运用。运镜是为了达成某个目的而存在的，这个目的可能是叙事，可能是表达某种特定的情绪，可能是创建一种特定的空间，以便将观众带入情节中。例如推镜头，摄像机逐渐向被摄主体靠近，目的是让观众知道叙事的重点在哪里，放大某个细节，放大某个人物的表情。而跟镜头，摄像机跟随画面中的主体一起运动，目的是让观众得知画面中哪个元素才是最重要的。如果要让观众看清楚人物在跑，就可以使用侧跟；如果要在行走的情况下看清楚人物表情，就可以使用前跟。

　　运镜形式汇总如图4-10所示。

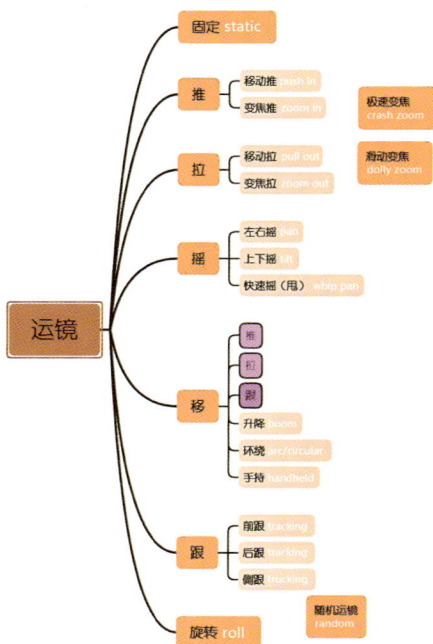

图4-10　运镜形式汇总

任 务 实 施

一、任务1：动作镜头剪接

　　动作镜头剪接关键是选择恰当的剪辑点。剪辑点是两个镜头间的转换点，分为画面剪辑点（包括动作、情绪、节奏剪辑点）和声音剪辑点（包括对白、音乐、音响效果剪辑点），准确选择能保

---

[1] 滑动变焦又称为希区柯克变焦，源自著名导演希区柯克1958年拍摄的电影《迷魂记》，剧组摄影师伊尔明·罗伯茨为表现主人公的恐惧紧张心理尝试了滑动变焦技法，该镜头大获成功，使滑动变焦技巧成为电影制作流行元素。因诞生于希区柯克电影且常被其用来强化恐怖心理表现力，故被称为"希区柯克变焦"。

证镜头切换流畅,是视频剪辑的重要基础工作。

选择动作镜头的剪辑点,要优先保证主体动作的连贯性,确保镜头切换流畅。

一般第一个镜头完成动作的 1/4,下一个镜头完成动作的 3/4。同时要考虑人眼视觉滞留问题,剪去 2 到 3 帧以避免视觉跳跃感。在逐帧观看有相对静止帧(1～2 帧)处选择剪辑点,通常静止帧留在上一镜头,下一镜头不同景别开始动。也可以第一个镜头让演员动作处于微动势(即将做出动作),下一个衔接镜头完成动作,在动作幅度高潮处剪辑,如甲、乙近景甲挥拳打乙与全景中乙倒下的镜头,在甲打中乙瞬间剪辑。

而起坐、起卧、拥抱、握手、脱帽、穿衣、抽烟、开关门窗、走路、跑步等动作,一般在特定静止点剪辑,如脱帽戴帽在手接触帽子时,开关门窗在手接触门窗时,握手在最高点或最低点,走路在脚踏地和最高点(左右脚一致)。

表 4-2 所示是常见动作类型的剪辑点选择方法。

表 4-2　常见动作类型的剪辑点选择

动作类型	剪辑点选择	示例或说明
起坐、起卧	在动作的起始或结束点剪辑	当角色开始坐下或站起时,选择动作的起始或结束帧进行剪辑
拥抱、握手	在动作的最高点或最低点剪辑	当角色拥抱或握手时,选择动作到达最高点或最低点的帧进行剪辑
脱帽、穿衣	在手接触帽子或衣服时剪辑	当角色脱帽或穿衣时,选择手接触帽子或衣服的瞬间进行剪辑
抽烟	在点烟或吐烟时剪辑	当角色点烟或吐烟时,选择动作的起始或结束帧进行剪辑
开关门窗	在手接触门窗时剪辑	当角色开关门窗时,选择手接触门窗的瞬间进行剪辑
走路、跑步	在脚踏地或最高点(左右脚一致)时剪辑	当角色走路或跑步时,选择脚触地或到达最高点的帧进行剪辑,确保左右脚动作一致
回头、低头、抬头	在动作的起始或结束点剪辑	当角色回头、低头或抬头时,选择动作的起始或结束帧进行剪辑
转身、弯腰、直身	在动作的起始或结束点剪辑	当角色转身、弯腰或直身时,选择动作的起始或结束帧进行剪辑

本次任务是剪辑一组用电烤炉进行烧烤的动作镜头,包括放下烤网、放上食材、翻动食材、撒调料、吃烤串 5 个动作,共同完成"烤东西吃"叙事。

具体步骤如下:

(1)新建项目,导入素材,新建序列。

(2)把工作区调为编辑。

(3)打开 01 素材(见图 4-11)查看,在 00.00.04.32 处标记入点,在 00.00.05.50 处标记出点,时长 1 秒 19,在动作的起始和结束点剪接,完整展现拿烤网放上烤炉的动作,保证动作连贯流畅。

图 4-11　动作剪接 01 素材

　　（4）打开 02 素材（见图 4-12）查看，在 00.00.02.39 处标记入点，在 00.00.04.00 处标记出点，时长 1 秒 19，在动作的最高点剪接，营造势能。

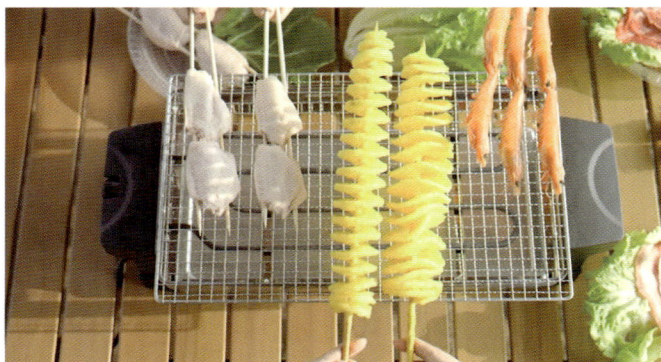

图 4-12　动作剪接 02 素材

　　（5）打开 03 素材（见图 4-13）查看，在 13.15.10.30 处标记入点，在 13.15.13.00 处标记出点，时长 2 秒 21，在动作的最高点剪接，继续营造势能。

图 4-13　动作剪接 03 素材

　　（6）打开 04 素材（见图 4-14）查看，在 00.00.03.36 处标记入点，在 00.00.06.16 处标记出点，时长 2 秒 41，在撒调料动作的中间接入，在运镜离开手部的瞬间切出，利用运镜变换画面，植入品牌。

图 4-14　动作剪接 04 素材

（7）打开 05 素材（见图 4-15）查看，在 00.00.04.20 处标记入点，在 00.00.05.49 处标记出点，时长 1 秒 30，从拿起烤串的瞬间开始剪入，跟随运镜，在放入嘴的瞬间，即吃烤串的高潮处切出。

图 4-15　动作剪接 05 素材

（8）这样，5 个镜头构成的镜头组，基本完成对烧烤的叙事，最终为片子的主题表达奠定基础。

（9）剪辑完成后，可适当加上背景音乐，导出查看。

微课视频 4-7
动作镜头剪接

二、任务 2：反应镜头剪接

反应镜头剪接的关键也是剪辑点的选择。选择反应镜头的剪辑点，一般在角色对事件或台词做出反应的瞬间，例如角色的表情变化、眼神闪烁或肢体动作的开始。

假设一个场景中，角色接到了令人震惊的坏消息。那么首先要清晰地展示角色是如何接到这个消息的，用主体镜头保证情境清晰，然后在角色听到消息的瞬间切换到反应镜头，使用特写镜头捕捉角色眼睛和面部肌肉的细微变化，确保反应是递进的、有变化的，比如展示一种缓慢、逐渐积累的悲伤或震惊，而不是立刻表现出过度夸张的反应。

反应镜头有两种使用方式：一种是插入，即在两个动作或台词之间插入反应镜头；另一种是覆盖，即用反应镜头覆盖部分动作或台词，以突出角色的反应。

反应镜头可以是特写、中景或远景，特写镜头更能突出角色的细微表情，而中景或远景则可以展示角色的整体反应。

在剪辑反应镜头时,要避免因切换过快或不自然导致的生硬感,可以通过调整剪辑点或使用过渡技巧(如 L-cut 或 J-cut)来增强流畅性。

在选择反应镜头时,优先选择真实自然的画面,弃用过度夸张或不自然的画面,否则会影响观众的代入感。

此外,还要注意避免重复使用同一角色的反应镜头,可以通过剪辑不同角度或不同时间点的反应镜头来增加多样性。

本次任务是剪辑一组领导讲话、员工倾听记笔记的画面,包括两个不同景别的主体镜头(一个中景、一个近景)、两个不同景别的反应镜头(一个特写、一个中景),交叉剪辑,完成对讲话和反应的叙事。

具体步骤如下:

(1)新建项目,导入素材,新建序列。

(2)把工作区调为编辑。

(3)打开 01 素材(见图 4-16)查看,在 00.26.15.13 处标记入点,在 00.26.17.12 处标记出点,时长 1 秒 59,景别为中景,画面内容是领导在讲话,几位听讲的员工为前景,这是交代主体动作。

图 4-16　反应镜头剪接 01 素材

(4)打开 02 素材(见图 4-17)查看,在 00.28.08.23 处标记入点,在 00.28.09.23 处标记出点,时长 1 秒 45,景别为特写,画面内容是员工的手在用笔写笔记,给出认真听讲记笔记的反应。

图 4-17　反应镜头剪接 02 素材

（5）打开 03 素材（见图 4-18）查看，在 00.23.02.12 处标记入点，在 00.23.03.13 处标记出点，时长 2 秒 1，为与 01 素材在景别上做出区分，可通过缩放适度放大，裁剪掉前景员工画面，把景别改为近景，画面内容是领导指着屏幕讲解，比 01 素材的中景稍微推近一点，但动作内容又紧密衔接。

图 4-18　反应镜头剪接 03 素材

（6）重新打开 02 素材查看，截取前面一段画面，画面内容是员工记笔记的同时抬头看向领导讲解的方向，适当放大，把景别改为中景，比 02 素材景别大，内容除记笔记之外还多了抬头倾听的动作，丰富反应镜头的内容。

微课视频 4-8
反应镜头剪接

（7）这样，4 个镜头构成的镜头组，基本完成对讲解—反应的叙事，最终为片子的主题表达奠定基础。

（8）剪辑完成后，可适当加上背景音乐，导出查看。

项 目 拓 展

一、剪辑的动机

剪辑动机即为什么要剪辑，为什么要在这一帧剪辑，而不是在另一帧剪辑。没有动机时不剪辑，保持视频的连续和流畅；有动机时又必须果断剪辑。什么样的动机可以剪辑呢？

曾拍摄《教父》《教父 2》和《现代启示录》等著名电影的摄影师罗伊·汤普森（Roy Thompson）在《剪辑的语法》中说，一个好的剪辑通常要满足六要素，即：信息、动机、镜头构图、摄影机角度、镜头连贯性和声音。当一个剪辑满足的要素越多，那么这个剪辑的理由也就越充分。[1]

---

[1]（英）罗伊·汤普森，（美）克里斯托弗·J. 鲍恩. 剪辑的语法（插图修订第 2 版）[M]. 梁丽华，罗振宁，译. 北京：北京联合出版公司，2017.

曾制作《英国病人》《冷山》等著名电影的制作人沃尔特·默奇(Walter Murch)在《眨眼之间：电影剪辑的奥秘》中说，一个理想的镜头切换需要同时满足以下六个条件：①忠实于彼时彼地的情感状态；②推进故事；③发生在节奏有趣的"正确"时刻；④照顾到观众的视线在银幕画面上关注焦点的位置；⑤尊重电影画面的二维平面特性，即三维空间通过摄影转换成二维后的语法（比如 180° 轴线）；⑥尊重画面所表现实际空间的三维连贯性（人物在空间中的位置和与其他人物的相对关系）。[1]

这些动机解释了在精心拍摄制作的海量电影镜头中什么时候应该剪断，什么时候应该接入，对于视频短片剪辑有着宝贵的参考价值。

对于视频短片剪辑而言，以下是常见的剪辑动机：

一是提供新信息。每一次剪辑都要包括新的信息。上一个镜头中包括的信息已经充分展示给观众，没有新的信息了，是恰当的剪辑动机之一。新的镜头要能够推动故事向前发展，或者能够与之前、之后的镜头产生联系，形成镜头组，把故事编织起来。从另一方面说，如果新的镜头不能提供新的信息，就不应该被剪进视频中去。

微课视频 4-9
剪辑的动机

二是角色的动作或声音。剪辑的动机来自当前镜头中某一角色的动作或声音，如眼睛看的地方、手指向的地方、笑声、枪声等。当前镜头中角色眼睛看向某处，在这时剪辑，接入下一个他看见的画面；画面中传来一声枪响，这时剪辑，接入下一个画面，揭示声音的来源。

三是情感、情绪的变化。如果说上两条动机是来自画面之内的，那么情感、情绪的变化是综合了画面内外的，又或者是需要通过剪辑，组接不同景别、不同视角、不同运镜的镜头来表现与当前镜头有所不同的情感、情绪。

对于剪辑来说，每一次剪辑都必须有理由，没有理由的盲目剪辑会严重分散观众观看的注意力。每一个镜头剪辑都应该推动故事、动作、影片流以及思想过程向前发展。不要因为一个镜头看上去很不错、很酷或者很有艺术感就将其剪入视频中。一个镜头必须与前后的镜头产生联系，从而将不同的镜头进行组接，把故事编织起来。

对于视频短片而言，剪辑的主要动机有：

①去瑕：在拍摄过程中，如口播视频中人物说错的、表情或肢体语言不合适的，这些穿帮的镜头，在粗剪中需要去除。

②去烦：如果一镜到底，画面缺失新的信息，就抓不住观众的注意力，因此，通常在一定时长，没有新信息的时候，要剪辑，或插入新的画面。

③避免同景别组接：如口播视频，由于画面大多是人物在说话，通常使用中景，但在去瑕过程中，可能需要剪掉一些有瑕疵的片段，而瑕疵片段的前后又都是中景，就可能产生同景别组接的问题（见图 4-19）。同景别组接会使观众感觉到跳闪，为避免跳闪现象，需要剪接一些其他画面进入视频中。

二、视频的节奏

节奏是序列中的镜头数量以及镜头的持续时间，也就是说，镜头的多少和长短。节奏是关于剪辑的步调，与音乐相似。就像音乐家作曲时的节拍，剪辑的节奏就是场景中的节拍。对剪辑师而言，节拍就是转折点或动作——场景中有事情发生或改变。节拍可能是微观的或是宏观

---

[1]（美）沃尔特·默奇.眨眼之间：电影剪辑的奥秘[M].2 版.夏彤，译.北京：北京联合出版公司，2012.

的。每个场景中都有着动作的节拍。例如，士兵的前进与撤退，或者某个角色陷入疯狂之中。[1]

节奏在短片中一般表现为平稳、流畅、对比、重复、跳跃、凝滞、停顿等形态。

节奏应该是活泼的、变化的。通常认为节奏是一个层次问题。不管是内部节奏还是外部节奏，听觉节奏还是视觉节奏，时间节奏还是空间节奏，都以层次形式展开、排列，或者相似，或者相对，节奏的形成是按照层次渐渐形成的过程。

对于视频短片而言，我们要跳出电影视角看待节奏。节奏的本质从来就不是音乐，也不是画面的切换，更不是剧情的跌宕起伏，而是注意力。露西·乔·帕拉迪诺（Lucy Jo Palladino）在《掌控注意力》中揭示，人类的注意力与外界的刺激水平是一个倒 U 形的曲线。当视频节奏太慢，就会落到左边，刺激强度低，注意力差；当视频节奏太快，就会落到右边，信息量大，刺激强度高，让人头晕；但即使是落到中间，注意力也会消失，因为同等水平、均匀的刺激，也会随着时间慢慢淡化。所以，把握视频节奏的关键，其实就是和人的注意力拉扯，在符合情节、符合逻辑的情况下，改变新信息出现的频率。

图 4-19　避免同景别组接

调整画面节奏，常用的方法如下：

一是剪辑时把镜头分组，组内的镜头安排为有长有短、长短结合。如一组有 3 个镜头，可以第一、第二个短，第三个长；也可以第一个长，第二、第三个短。

二是有意识地通过快慢结合来控制整体节奏。如前面若干个镜头都是快的，之后要有意识地安排一个慢的镜头，形成快慢结合，让短片有呼吸感。

三是通过画面内容的张弛来控制节奏。如几个紧张的镜头接一个松弛的，几个松弛的镜头接一个突然紧张的。又如前半激烈，如烈火烹油；后半平缓，如静水深流。

四是匹配音乐的节奏。不要机械地匹配音乐节奏点，而是要匹配音乐的感觉。如音乐由缓到急，画面也由慢到快；音乐进入高潮，画面叙事也进入高潮；音乐的结尾对应短片的尾版。

以上长短结合、快慢结合、音乐节奏匹配，大多数时候可以通过素材的灵活选用解决，偶尔需要通过调整片段速度解决。

要调整视频片段的速度，在软件操作上，有两种操作方法，一是整体调整速度，二是局部调整速度。

在时间轴中选中要整体调整速度的片段，右键单击，在弹出的菜单中选择"剪辑速度 / 持续时间"菜单，拖拉速度数值即可提高或降低视频速度。这是整体调整速度的方法。

微课视频 4-10
视频的节奏

局部调整的方法是，在时间轴中选中要局部调整速度的片段，右键单击，在弹出的菜单中选择"时间重映射 - 速度"，再通过钢笔工具在"速度控制线"中添加关键帧，向上或向下拖动要局部调整速度的部分，即可灵活控制视频片段

[1]（美）钱德勒 . 剪辑圣经：剪辑你的电影和视频 [M]. 黄德宗，译 . 北京：电子工业出版社，2013.

某一部分的加速、减速,还可通过拖动关键帧拆分左右两个部分,实现加速或减速前后的渐入渐出。

三、蒙太奇

蒙太奇(montage)源于法语,意为建筑学中的"构成"或"装配",在电影艺术中指通过组接、构成的方式,将影片内容分解为不同段落、场面和镜头,再重新组合成一个有机整体。它通过镜头间的相互作用,产生连贯、对比、呼应等效果,从而完整地反映生活、表达思想。

现实生活中人们观察事物时,不会一直盯着同一个地方看,视点总是不断变换,上下左右,远近前后,视觉感受各不一样,但这些视觉感受延续汇总,就形成了对事物的整体印象。视频剪辑时,也模拟这一做法,剪接和组合不同的镜头,使之产生连贯、对比、联想、衬托、悬念等含义,从而反映生活、表达主题,让观众领会和理解。这就是蒙太奇。

人的视觉系统中具有探测影像运动的特殊细胞,这促使我们不断地去追寻新的视觉刺激,不断地转移视线,变换角度去观察周边的世界。电影对蒙太奇的运用,重现了我们在现实世界中观察事物的内心过程。电影中两个镜头连接在一起,要以观众的视觉和思想为基础,否则从一个镜头过渡到另一个镜头就显得不合理。每个镜头都必须含有能在下一个镜头中找到答案的元素,每个镜头对观众造成的紧张心理应当由后续镜头来解决。上一个镜头如果主体在看,下一个镜头就要回答他看到了什么;上一个镜头如果挥起了拳头,下一个镜头就要回答拳头击中了什么。

蒙太奇分为叙事蒙太奇和表现蒙太奇,二者在功能和表现手法上各有侧重。

1. 叙事蒙太奇

叙事蒙太奇通过按时间、空间或逻辑关系组合具有故事性的镜头,推动剧情发展,强调镜头组接的连续性。其主要作用是揭示剧情、展示事件,用镜头讲好一个故事。叙事蒙太奇常用的剪辑线索如下。

1)时间线索

以时间为线索,展现相同或不同空间的变化。按照故事发展的时间顺序组接镜头,体现时间的连续性和不可逆性,这就是连续蒙太奇,但因缺乏时空变化,现代电影中较少单独使用,多与其他手法交替。

2)空间线索

以空间为线索,展现相对稳定的时间内不同空间的变化,淡化时间因素。通过镜头空间的关系,如整体与局部、对比尺度等,营造整体时空。如果在同一叙事时间下频繁切换不同地点的镜头,引起悬念,加强戏剧冲突,就构成交叉蒙太奇。

3)逻辑线索

以逻辑为线索,弱化时空线索,以事物的内在因果关系、逻辑关系为主线。镜头在时间和空间上无必然联系,但组合后服务于故事主题。如并列展开不同时空的情节线,形成对比或呼应,就是平行蒙太奇;重复展示人物、动作、物件、光影、色彩、构图、音乐音效等相似元素,以抒情、寓意,或揭示故事的发展变化,就是重复蒙太奇;打乱事件顺序,先交代当前状态,再介绍来龙去脉,就是颠倒蒙太奇。

2. 表现蒙太奇

表现蒙太奇通过并列画面的组接,产生画面冲击力,表达思想或情感,强调镜头组接的对列

性 [1]。它不以叙事为目的,不受现实逻辑约束,以思想、情感推动镜头发展。表现蒙太奇常用的剪辑手法如下。

1)对比剪辑

将内容或形式上产生强烈对比的镜头进行组接,达到相互强调、冲突的效果。对比可以是内容上的,如贫富、悲喜;也可以是形式上的,如影调、色调、景别等。

2)并列剪辑

镜头之间具有相似性,但不构成直接的因果或递进关系,利用相似性连接,将不同的视觉影像平置起来,这就是并列剪辑。并列剪辑一般不推动叙事,而是抒情,巧妙地表现时间的流逝、空间的变化和人物内心的思想情感,产生冲击力和渲染效果。

并列剪辑的镜头之间,通常景别相同,持续的时间基本相同,表现的内容相似,结构相似,连接的方式多采用硬切或者叠化。

3)隐喻剪辑

将两个或两组镜头并列,通过彼此联系,促使观众产生由此及彼的联想和想象,从而含蓄地表达作者的主观思想和情感,就是隐喻剪辑。隐喻剪辑类似于文学写作中的比喻,有本体,也有喻体。本体镜头在前,讲故事;喻体镜头在后,对本体镜头进行强调和提示。

微课视频 4-11
蒙太奇

隐喻剪辑的本体镜头和喻体镜头之间,应该存在明显的、易于理解的关联,不能过于隐晦。

叙事剪辑和表现剪辑并非对立,而是相互渗透、补充。表现的基础是叙事,叙事的目的在于表现。短片剪辑中,要注意将二者结合使用,既能推动剧情发展,又能深化主题表达,使短片更具艺术感染力。

检查评价

检查测试题

单选题

多选题

判断题

简答题:

1. 请简述情绪镜头剪接的三大要点。

2. 请结合实际,谈谈如何通过调整镜头的长短来控制视频的节奏。

参考答案

---

[1] "对列性"指镜头之间通过并列、对照、冲突等方式组合在一起,从而产生新的意义和情感效果。这种对列关系可以是内容上的相似或对比,也可以是形式上的呼应或冲突。例如,爱森斯坦曾提出,"两个蒙太奇镜头的对列,不是二数之和,而是二数之积",强调了对列镜头之间的冲突和互动能够产生新的意义。

学生评价和教师评价

学生自评表

序号	学习目标达成自评	佐证	达标	未达标
1	通过镜头语言、构图和景别的学习，提升对影视作品视觉美感的感知与鉴赏能力	能够分析一部影视作品中的镜头语言、构图和景别运用，并指出其美感所在		
2	模拟剪辑团队合作场景，理解导演、摄影师、剪辑师等角色的协同工作模式	能够描述导演、摄影师、剪辑师在剪辑团队中的职责和协作流程		
3	通过运镜设计、情绪剪辑和节奏调整的实践，进行创造性表达，探索个性化的剪辑风格	能够设计一段视频的运镜、情绪剪辑和节奏调整方案，并尝试个性化剪辑风格		
4	掌握摄影师、导演、编剧、剪辑师对"镜头"的不同界定及分类	能够准确区分摄影师、导演、编剧、剪辑师对"镜头"概念的不同定义和分类		
5	掌握构图（主体、陪体、背景、前景）、景别（远景、全景、中景、近景、特写）、角度（水平/垂直方向）、运镜方式（推、拉、摇、移、跟等）等镜头语言的核心要素	能够详细描述构图、景别、角度、运镜方式等镜头语言的核心要素及其作用		
6	掌握动作镜头的剪辑点选择	能够根据动作类型选择合适的剪辑点，确保动作流畅		
7	掌握情绪镜头的剪辑法则	能够运用时间沉淀法则、情绪黏合效应、情绪波动原则进行情绪镜头剪辑		
8	掌握剪辑动机的六要素	能够列举并解释剪辑动机的六要素（信息、动机、镜头构图、摄影机角度、镜头连贯性和声音）		
9	理解镜头长短与节奏的关系，掌握通过快慢结合、音乐匹配、张弛交替调整节奏的方法	能够分析镜头长短对节奏的影响，并运用快慢结合、音乐匹配、张弛交替的方法调整节奏		
10	能够根据叙事需求选择合适的镜头并完成流畅组接	能够根据叙事需求选择合适的镜头，并完成流畅的组接		
11	能够在动作镜头中准确选择剪辑点	能够在动作镜头中准确选择剪辑点，确保动作连贯		
12	能够通过情绪镜头强化情感共鸣	能够通过情绪镜头剪辑强化情感共鸣，让观众感同身受		

序号	学习目标达成自评	佐证	达标	未达标
13	能够结合镜头分组、快慢交替、音乐匹配优化叙事节奏	能够运用镜头分组、快慢交替、音乐匹配等方法优化叙事节奏		
14	使用剪辑软件（如 Premiere）调整局部速度，实现渐入渐出效果	能够使用 Premiere 等剪辑软件调整局部速度，实现渐入渐出效果		
15	能运用所学知识评价影视片段，指出其镜头语言、剪辑动机、节奏设计的优缺点	能够运用所学知识评价影视片段，指出其镜头语言、剪辑动机、节奏设计的优缺点		

说明：

1. 达标：如果能够完成佐证中的任务，说明该学习目标已达成，打"√"。

2. 未达标：如果无法完成佐证中的任务，说明该学习目标未达成，打"×"。

教师评价表

序号	学习目标达成评价	佐证	达标	未达标
1	通过镜头语言、构图和景别的学习，提升对影视作品视觉美感的感知与鉴赏能力	能够分析一部影视作品中的镜头语言、构图和景别运用，并指出其美感所在		
2	模拟剪辑团队合作场景，理解导演、摄影师、剪辑师等角色的协同工作模式	能够描述导演、摄影师、剪辑师在剪辑团队中的职责和协作流程		
3	通过运镜设计、情绪剪辑和节奏调整的实践，进行创造性表达，探索个性化的剪辑风格	能够设计一段视频的运镜、情绪剪辑和节奏调整方案，并尝试个性化剪辑风格		
4	掌握摄影师、导演、编剧、剪辑师对"镜头"的不同界定及分类	能够准确区分摄影师、导演、编剧、剪辑师对"镜头"概念的不同定义和分类		
5	掌握构图（主体、陪体、背景、前景）、景别（远景、全景、中景、近景、特写）、角度（水平/垂直方向）、运镜方式（推、拉、摇、移、跟等）等镜头语言的核心要素	能够详细描述构图、景别、角度、运镜方式等镜头语言的核心要素及其作用		
6	掌握动作镜头的剪辑点选择	能够根据动作类型选择合适的剪辑点，确保动作流畅		
7	掌握情绪镜头的剪辑法则	能够运用时间沉淀法则、情绪黏合效应、情绪波动原则进行情绪镜头剪辑		

续表

序号	学习目标达成评价	佐证	达标	未达标
8	掌握剪辑动机的六要素	能够列举并解释剪辑动机的六要素（信息、动机、镜头构图、摄影机角度、镜头连贯性和声音）		
9	理解镜头长短与节奏的关系，掌握通过快慢结合、音乐匹配、张弛交替调整节奏的方法	能够分析镜头长短对节奏的影响，并运用快慢结合、音乐匹配、张弛交替的方法调整节奏		
10	能够根据叙事需求选择合适的镜头并完成流畅组接	能够根据叙事需求选择合适的镜头，并完成流畅的组接		
11	能够在动作镜头中准确选择剪辑点	能够在动作镜头中准确选择剪辑点，确保动作连贯		
12	能够通过情绪镜头强化情感共鸣	能够通过情绪镜头剪辑强化情感共鸣，让观众感同身受		
13	能够结合镜头分组、快慢交替、音乐匹配优化叙事节奏	能够运用镜头分组、快慢交替、音乐匹配等方法优化叙事节奏		
14	使用剪辑软件（如 Premiere）调整局部速度，实现渐入渐出效果	能够使用 Premiere 等剪辑软件调整局部速度，实现渐入渐出效果		
15	能运用所学知识评价影视片段，指出其镜头语言、剪辑动机、节奏设计的优缺点	能够运用所学知识评价影视片段，指出其镜头语言、剪辑动机、节奏设计的优缺点		

说明：

1. 达标：如果能够完成佐证中的任务，说明该学习目标已达成，打"√"。

2. 未达标：如果无法完成佐证中的任务，说明该学习目标未达成，打"×"。

项目5

音乐剪接

学习目标

素质目标	1. 通过《我的祖国》歌曲的结构分析，感受浓烈的爱国主义思想和英雄主义气概。 2. 培养对音乐情绪与视频叙事关联性的敏感度，强化通过音乐增强观众情感共鸣的意识。 3. 提升在音乐剪辑中的细致性与耐心，注重音乐节奏与画面动态的协调性。 4. 鼓励在音乐组接中探索创新手法，提升作品的艺术表现力。 5. 培养跨领域审美能力，结合音乐动态结构与画面叙事设计综合性的视听语言。
知识目标	1. 掌握音乐类型分类（如古典、流行、电子、国风等）及其细分流派的特点与应用场景。 2. 理解音乐结构元素（前奏、主歌、副歌、桥段等）的功能及剪辑衔接意义。 3. 熟悉音乐情绪类型（如史诗、怀旧、紧张）与适用场景的匹配原则。 4. 掌握音乐剪辑四大核心方法（预判旋律法、重复旋律法、重拍衔接法、骤停反差法）的操作要点。 5. 了解音乐波形分析技巧及重复段落识别方法。
能力目标	1. 能够根据视频主题与情绪需求，精准搜索适配音乐并筛选重复段落进行裁剪优化。 2. 能够熟练运用音频过渡效果（如恒定增益、音量关键帧）实现音乐自然衔接与淡入淡出。 3. 能够通过波形分析精准定位音乐剪辑点（如重音、重复段落），完成节奏匹配与组接。 4. 能够根据平台要求（如短视频时长限制）裁剪音乐结构，保留关键段落（前奏、高潮、尾奏）并适配成片输出。

课程内容思维导图

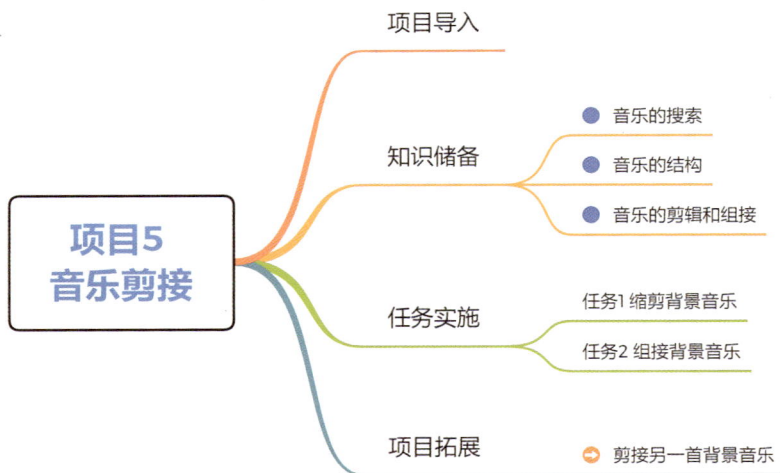

- 项目导入
- 知识储备
  - 音乐的搜索
  - 音乐的结构
  - 音乐的剪辑和组接
- **项目5 音乐剪接**
- 任务实施
  - 任务1 缩剪背景音乐
  - 任务2 组接背景音乐
- 项目拓展
  - 剪接另一首背景音乐

入职第三周，周野赶工文旅引流视频时，古镇段落用了禅意古琴，下一段突然切流行摇滚，成片被笑称"景区广播突然换台"……其实，音乐剪接得用"听觉手术刀"——前曲情绪尾巴要勾住后曲心跳开头，风格调性得像同片天空下的气流，节奏快慢得和画面呼吸同频。现在，跟着周野的视角，解锁情绪锚点法、风格缝合术、节奏呼吸论等音乐组接技术吧！

知 识 储 备

一、音乐的搜索

音乐是决定剪辑成败的关键要素之一，音乐能够调动观众情绪，不同的音乐能产生不同的感受，或热血沸腾，或沧桑悲凉，音乐能让人产生画面感与情感共鸣。音乐对剪辑的节奏影响重大，相同旁白搭配不同音乐，情绪感染力差异明显，甚至可以主导视频短片的调性。长视频的音乐创作、剪辑和组接，一般交给专门的音乐工作人员完成，但视频短片的音乐，通常通过搜索获取，然后加以剪辑和组接。

1. 根据音乐的类型搜索

简单地说，音乐的类型可分成以下五个大的种类：古典（Classical）、爵士（Jazz）、流行（Pop）、摇滚（Rock）、电子音乐（Electronic）。但实际情况要比这复杂很多，因为存在相当多交叉的、细分的种类，又不断有创新、突破，难以归类的。

比如，Spotify[1] 就曾使用过以下分类：

Pop（流行）：大众当中广泛传播和流行的音乐，包括主流流行音乐和流行舞曲。

Rock（摇滚）：涵盖经典摇滚、另类摇滚、硬摇滚等。

Folk（民谣）：传统民谣和现代民谣音乐。

Electronic（电子）：包括 House、Techno、Trance、Dubstep 等电子音乐流派。

Jazz（爵士）：传统爵士、现代爵士和融合爵士。

Absolute Music（纯音乐）：无歌词的纯音乐作品。

Rap（说唱）：各种说唱风格，包括东海岸嘻哈、西海岸嘻哈、陷阱音乐等。

Metal（金属）：包括死亡金属、黑金属、激流金属等金属流派。

World Music（世界音乐）：来自世界各地的传统和现代音乐。

New Age（新世纪）：新世纪音乐，通常具有放松和冥想的特点。

Classical（古典）：从巴洛克时期到现代的古典音乐作品。

---

[1] Spotify 是一家面向全球提供音乐服务的流媒体平台，拥有 6.26 亿月活跃用户，以丰富的音乐库、个性化推荐和创新功能著称，提供超 1 亿首歌曲和大量播客节目。

Indie（独立）：独立音乐，包括独立摇滚、独立流行等。

Ambient Music（氛围音乐）：用于营造特定氛围的音乐，通常具有放松和冥想的效果。

又如，网易云音乐使用了 27 种核心曲风标签，覆盖传统与现代、本土与国际音乐类型，包括：

流行（Pop）：包括华语流行、欧美流行、K-Pop 等，强调旋律抓耳与大众接受度。

电子（Electronic）：细分 House、科技舞曲、氛围音乐等。

中国音乐：涵盖民歌、戏曲、红色歌曲等，突出本土文化特色。

国风（Chinese Style）：融合民乐与现代元素，歌词偏向古风，常见于流行、电子等跨界作品。

独立 / 另类（Indie/Alternative）：服务于小众原创音乐人，强调非主流表达。

因此，搜索音乐时，音乐类型只能框定一个大致的范围，还要更多考虑情绪节奏等其他因素。

2. 根据音乐的情绪搜索

从情绪上看，不同音乐表现不同的情绪，以下列举一些常见的音乐情绪，以及在剪辑中适用的场景（见表 5-1）。

表 5-1　常见音乐情绪类型和适用场景

情绪类型	描述	剪辑适用场景
Uplifting	令人振奋的	上扬、励志情绪画面
Epic	史诗	宏伟场面、重大变故
Nostalgic	怀旧	回忆片段、历史纪录片
Powerful	强	动感、积极、快节奏
Exciting	令人兴奋的	欢快、开心、阳光
Happy	快乐	欢快、开心、好笑
Funny	有趣	同上
Carefree	无忧无虑	放松、惬意、舒适
Hopeful	希望	低谷崛起、励志
Love	爱	爱情、浪漫
Playful	好玩	有趣、高效、俏皮
Groovy	时髦的	现代、时尚
Sexy	性感	爱情、性感、性暗示
Peaceful	和平	放松、舒适、温馨
Mysterious	神秘	悬疑、奇幻、探索类画面
Serious	严肃的	严肃、紧张
Dramatic	戏剧性的	旋律变化、叙事
Angry	生气	紧张、对峙、危机
Tense	紧张	急切、紧张
Sad	伤心	悲伤、失落
Scary	可怕	恐怖氛围、不安
Dark	黑暗	低沉器乐、黑暗或朋克风

　　搜索时,可以根据音乐的类型,也可根据音乐的情绪输入关键词搜索,如查找城市风光类短片适用的背景音乐,可以用安静、环境、幻想等关键词查找;TVC/混剪类的可以搜索电子、嘻哈;叙事短片,如剧情、微电影,可以用蓝调、电影配乐等关键词查找。也可以直接输入在片子中想要表达的情绪关键词搜索,如动感、轻快、清新、孤独、史诗等。

　　更多时候,会融合类型、情绪和风格,在歌单中搜索。在网易云音乐等音乐软件上搜索歌单,如电影独白旁白歌单(故事性强)、预告片节奏混剪必备歌单(适合激烈场景)、出字幕转场音效歌单(助力特效制作)、电影与后摇歌单(引发思考)、后摇纯音歌单(情感升华)、片头字幕音效歌单(适合片头片尾)、动感快节奏歌单(适合运动视频)、自然音效歌单(环境音丰富)、巴比特歌单(复古)、积极向上歌单(宣传片适用)、快闪古典歌单(卡点剪辑)、TVC 广告原创音乐歌单(培养广告感)、大气商务歌单(商务项目首选)、古风歌单(古风视频适用)等。

微课视频 5-1
音乐的搜索

二、音乐的结构

　　剪辑和组接音乐之前,要掌握音乐的结构。

　　流行音乐常见的结构元素包括前奏(intro)、主歌(verse)、预副歌(pre-chorus)、副歌(chorus)、桥段(bridge)、间奏(solo)、尾奏(outro),它们各自的功能和特点如下。

　　(1)前奏:位于歌曲开头,作用是引入歌曲主题,营造氛围,吸引听众注意力,为整首歌定下基调,如节奏、旋律风格等。特点是通常没有歌词,旋律和节奏较为简洁,能迅速抓住听众耳朵。

　　(2)主歌:是歌曲叙述故事、表达情感的主要部分,一般会多次重复但旋律和节奏有细微变化。歌词内容连贯,逐步推进,为副歌做铺垫。旋律相对平稳,便于听众理解和接受。

　　(3)预副歌:也叫过渡段,连接主歌和副歌,起到情绪递进的作用,使主歌到副歌的转变更自然。旋律和节奏通常会与主歌有差异,增加紧张感,为副歌的高潮做准备。

　　(4)副歌:是歌曲的高潮部分,旋律和歌词往往重复出现,易于记忆和传唱,集中体现歌曲主题和情感。特点是旋律较为激昂、节奏强烈,在音高和响度上比主歌更突出。

　　(5)桥段:在歌曲中间起到变化和对比的作用,打破重复感,带来新鲜感。旋律、节奏、和声等方面与主歌和副歌都有较大差异,之后再回归副歌,使歌曲结构更丰富。

　　(6)间奏:一般由乐器演奏,如吉他、钢琴等,展现演奏者技巧,丰富歌曲音乐性。可以是重复前面的旋律片段,也可以是全新创作,起到承上启下的作用。

　　(7)尾奏:位于歌曲结尾,是对歌曲的收尾,重复副歌或主歌部分旋律,或者用新的旋律结束歌曲,使情感逐渐平息,给听众完整的听觉体验。

微课视频 5-2
音乐的结构

　　如歌曲《我的祖国》(见图 5-1),涵盖了前奏、主歌、副歌、桥段、尾奏等结构元素。前半部曲调委婉动听,后半部副歌的混声合唱与前面形成鲜明对比,激情澎湃,气势磅礴,深切地表达了浓烈的爱国主义思想和英雄主义气概。

　　这首歌的结构元素分析见表 5-2。

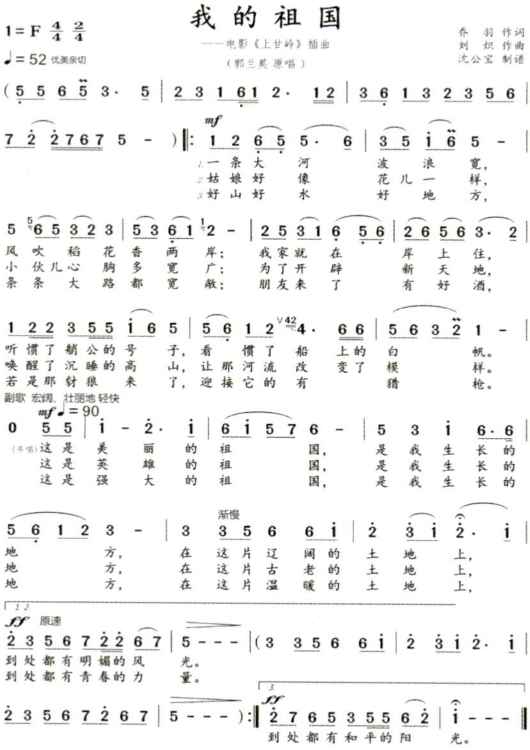

图 5-1 　《我的祖国》歌词与谱

表 5-2　歌曲《我的祖国》结构元素分析表

结构元素	时间位置	功能和特点
前奏	0:00—0:18	前奏部分以悠扬的旋律开始，营造出一种温暖而深情的氛围，为歌曲主题的引入做好铺垫
主歌 1	0:19—1:00	主歌部分旋律较为平稳，歌词通过描写祖国的山河美景，逐步推进情感，为副歌做铺垫
预副歌	1:01—1:50	连接主歌和副歌，递进情绪
副歌 1	1:51—2:17	副歌部分旋律激昂，节奏强烈，歌词“这是美丽的祖国，是我生长的地方”集中体现了歌曲的主题和情感，重复出现，易于记忆和传唱
桥段	2:18—2:36	桥段部分旋律和节奏发生变化，与主歌和副歌形成对比，带来新鲜感，起到过渡和变化的作用
主歌 2	2:37—3:22	第二段主歌继续叙述，进一步深化情感，旋律与第一段主歌相似，但情感表达更为浓烈
副歌 2	3:23—3:49	第二段副歌重复第一段副歌的旋律和歌词，进一步强化歌曲的主题和情感
桥段	3:50—4:08	桥段部分旋律和节奏发生变化，与主歌和副歌形成对比，带来新鲜感，起到过渡和变化的作用
主歌 3	4:09—4:55	第三段主歌继续叙述，与第一、二段主歌构成排比

续表

结构元素	时间位置	功能和特点
副歌 3	4:56—5:23	第三段副歌重复第一段副歌的旋律和歌词，进一步强化歌曲的主题和情感，使情感达到最高潮
尾奏	5:24—5:30	尾奏部分以副歌的旋律为基础，逐渐减弱音量，使情感逐渐平息，给听众完整的听觉体验

总而言之，前奏是音乐的开始部分，作用是铺垫、渲染气氛。主歌是循序渐进，慢慢把情绪推进。副歌是情绪最高潮的部分，也是一首音乐中最流行、最抓耳的部分。有些音乐在副歌之前还会有一小段预副歌，起到过渡的作用。桥段用于连接两个不同的乐段，一般是副歌后、主歌前。间奏是一段稍微特别的编曲和旋律，作用是跳出主副歌的循环。尾奏是音乐的结束部分，用于让情绪落地。

需要注意的是，这个结构更多适用于普通的流行音乐，还有很多音乐是不拘泥于常见结构，而是更注重创新的。掌握通用的结构有助于音乐的分析和剪接入门，遇到非通用结构的音乐时也可以参照加变通使用。

三、音乐的剪辑和组接

在了解音乐类型、风格和结构的基础上，视频剪辑中通常还要根据片子题材和情绪对音乐进行剪辑和组接，以便能够让音乐与视频完美融合，增强作品的感染力与节奏感。常用的剪辑和组接方法如下。

1. 预判旋律法

仔细分析音乐旋律走向，在前奏中寻找具有上升趋势或节奏变化提示的位置，如旋律上扬、节奏加快等节点，作为衔接高潮部分的潜在剪辑点。例如在特定音乐中，当某段旋律从舒缓逐渐变强且即将进入高潮的瞬间，可考虑在此处剪辑。

确定剪辑点后，为避免前后音乐衔接生硬，可添加音频过渡交叉淡化的恒定增益效果。操作时，找到效果—音频过渡—恒定增益效果，将该效果拖曳至剪辑点处，时长一般设置为 10 帧左右，使前后音乐过渡自然。在结尾处理上，优先利用音乐本身的落幅与视频结尾相配合，若需进一步优化，可采用音频打关键帧的方式。具体操作是在音频线上合适位置（如音乐即将结束但还有余音的部分）按住 Ctrl 点击添加关键帧，再在后续位置调整关键帧位置或音量值，使音量逐渐降低直至接近无声，实现自然结束效果。

2. 重复旋律法

全面聆听音乐，精准识别重复出现的旋律段落。这些重复旋律通常在节奏、音符组合等方面具有较高相似度，可能出现在歌曲的不同段落，如主歌与副歌之间、不同乐段的过渡部分等。例如在某首歌曲中，高潮部分的旋律在后续段落中会再次出现，且整体旋律轮廓和节奏基本一致。又如副歌重复三次，可保留前两次，裁剪第三次并用尾奏衔接。

确定重复旋律位置后，在前后重复旋律的起始处裁剪，去除中间部分，将剩余片段拼接。在调整过程中，若出现节奏不匹配问题，可依据音波进行判断。方法是放大音波图，观察重复旋律部分的音波形态，确保裁剪后拼接处的音波在节奏点和强度变化上能够契合，同时可添加 10～20 帧的恒定增益效果或通过打关键帧预留 10 帧左右空间并调整音量,实现更顺滑的衔接。

3. 重拍衔接法

认真聆听音乐,着重关注节奏强烈、音量突出的重音位置。这些重音可能是鼓点、强烈的音符或节奏变化明显的点,在音乐的节奏结构中具有重要作用,如在某些音乐中每隔一定节拍会出现一个明显的重音,如一个突出的"咚"声。

确定前后重音位置后,分别在这两处裁剪,将后面重音部分移至前面,替换原节奏不合适的部分,使音乐保持连贯且符合视频节奏需求。

4. 骤停反差法

根据视频内容和节奏需求,在音乐高潮或节奏激烈的部分选择骤停点。这个点通常是音乐情绪达到顶点、节奏最为强烈的时刻,如在一段快节奏的音乐中,当旋律和节奏达到最强劲的瞬间进行骤停操作。

骤停后,使用恒定增益效果降低音量,同时添加与视频氛围相符的环境音,如山林鸟鸣声。在画面上,配合与音乐反差较大的场景,如运动员从剧烈运动到拉伸、欣赏风景等,增强视频的节奏感和表现力。但要注意,此方法需提前精心设计,确保音乐与画面的反差效果能够有效传达视频主题和情感,避免因处理不当导致突兀感。

在裁剪时,选择在音乐的节奏或旋律的自然断点处进行剪辑,例如在小节的开头或结尾,这样可以减少过渡时的突兀感。尽量避免在副歌等高潮部分直接剪断,而应在主歌衔接音或尾奏结束音等强度较弱、节奏平缓的地方进行剪辑。

以节拍为依据选择剪辑点。例如,对于四四拍的歌曲,从某个拍子剪开,再与另一段音乐的相同拍子对接,这样可以保持节奏的连贯性。同时,可以通过观察波形图来识别旋律的重复部分,删减其中的重复段落,但要保留旋律的开头和结尾,以确保音乐的流畅性。

在拼接不同段落时,前后各保留一小节过渡部分,这样可以使音乐过渡更加自然。也可以使用淡入淡出效果,在剪辑点处,将前一段音乐逐渐降低音量(淡出),同时将后一段音乐逐渐提高音量(淡入),使过渡更加平滑。

微课视频 5-3
音乐的剪辑和组接

任 务 实 施

一、任务 1:缩剪背景音乐 *Against the World*

Against the World 由美国独立乐队 Must Save Jane! 创作,收录于 2016 年发行的专辑

Emotive Drama 中。*Against The World* 具有短时长、高密度情绪输出的特点,结合交响乐的宏大叙事与电子音乐的现代冲击力,采用"前奏—主题爆发—情绪回落"的紧凑结构,直接以高能量段落冲击听众,具有强烈的情绪张力和叙事感。

本次任务,要剪接出适用于宣传片[1]前半段铺叙的一小段背景音乐,时长约 2 分钟。

(1)新建项目,导入整首音乐,拖到时间轴,建立序列 1。

(2)切换到音频工作区,放大轨道波形。

(3)边看波形,边听音乐分析,边在关键位置打标记。通常稀疏波形对应音乐的开头或结尾(平缓部分);密集波形多为高潮或副歌段落;重复波形,波纹大段相似可能是重复段落(如主歌、副歌循环)。

(4)这里对 0.0—16.18 的前奏部分,删除中间重复的几小节,只留开头和最后一节。

(5)从 16.18—1.16.10,有多段重复,也挑选出中间的几小节,删减,以便加快进入副歌高潮部分,适合短片的节奏需要。

(6)从 1.59.14—2.37.14,也有几节重复,由于短片要求时长比较短,也做删除处理。

(7)2.37.14 以后的尾奏部分,可删除 2.47.14—2.56.24 部分,保留一小段尾奏,让情绪逐渐回落。

(8)删减之后,把删除的片段移至 A2 轨道,静音。

(9)把 A1 轨道上的空隙删除,重新连接,重新听一遍,留意衔接部分不够顺滑的地方,做好标记,以便下一任务再做细节修剪。

二、任务 2:组接背景音乐 *Against the World*

本次任务,要在前一任务的基础上,把剪好的片段重新连接,消除衔接处过渡不顺滑的地方。

(1)重新打开上一项目,将序列 1 复制一份,得到序列 2 并打开,删除轨道 2 上原来剪掉的素材。

(2)逐个片段听并判断。片段 1 和片段 2 衔接处多了一个重音,使用波纹工具修剪几帧,再听,衔接流畅。这是第一种组接方法,二次帧级修剪。

(3)片段 2 和片段 3 之间,衔接处有明显的突兀感,将片段 3 拖至轨道 2,放大这两个片段的波形,做对齐处理,这是第二种组接方法,波形衔接对齐。

(4)片段 4 和片段 5 之间,衔接处变化稍大,将片段 5 拖至轨道 2,并往片段 4 方向拖 10 帧。

选中片段 4,在衔接处按 Ctrl + 鼠标左键,添加关键帧,在片段结束处再次按 Ctrl + 鼠标左键添加关键帧,然后点击鼠标左键把音量线下拉降低音量。

再选中片段 5,在衔接处按 Ctrl + 鼠标左键,添加第 1 个关键帧,往后 10 帧再次按 Ctrl + 鼠标左键添加关键帧,然后点击片段 5 的第 1 个关键帧把音量线下拉降低音量。降低的程度注意与片段 4 下降的程度对齐。这是第三种组接方法,音量淡入淡出。

(5)继续往后仔细倾听,如果还存在衔接不流畅的,使用上述三种方法中的一种进行处理。

(6)最后检查无误,导出。

---

[1] 参见项目 9 宣传短片剪辑。

项 目 拓 展

剪接背景音乐 *Experience*

  Experience 是意大利作曲家 Ludovico Einaudi 创作的一首纯器乐作品,时长约 5 分 15 秒。全曲以极简主义风格为核心,通过重复的钢琴与渐进叠加的弦乐编排,构建出螺旋上升的情感张力,将"时间流逝"的主题转化为声波叙事。其动态结构展现出鲜明的波形规律性,从平静的钢琴独奏逐步攀升至弦乐与合成器交织的恢宏高潮,最终回落至静谧尾声,形成完整的情绪弧线。凭借强烈的影视化叙事感与动态对比度,该曲被广泛用于电影混剪、广告及纪录片场景,成为剪辑师手中的"万能情绪引擎"。

  前奏(0:00—0:45):波纹稀疏,左手钢琴重复音型 + 右手单音旋律,适合作为剪辑开头铺垫。

  情绪铺垫段(0:45—2:30):波纹密度递增,弦乐逐渐加入,可剪裁为"情绪上升"过渡段。

  高潮段(2:30—4:00):密集峰值区,弦乐与钢琴的对抗性旋律,适合高潮剪辑或画面转场。

  尾奏(4:00—5:15):波纹渐弱,钢琴回归独奏,适配结尾收束或淡出。

  此外,从波形上看,左手的固定音型贯穿全曲,波形高度规律,非常便于识别和剪裁,通过波形分析可以精准裁剪重复段落(如副歌循环)。

  组接时,可以保留前奏(30 秒)+ 高潮(1 分钟),删除中间渐进段落,利用弦乐爆发点直接衔接结尾,弦乐进入前(0:45)、高潮回落处(4:00)等节点硬切过渡或交叉溶解。

  如果要与其他音乐衔接,可在 *Experience* 的尾奏钢琴衰减处叠加其他音乐的氛围合成器,实现自然过渡。

  根据上面的指引,参考任务实施的剪辑实训步骤,实施剪辑。

检查评价

检查测试题

单选题   多选题   判断题

简答题：

1. 简述"重拍衔接法"的操作步骤，并举例说明其适用场景。

2. 如何通过波形分析优化 *Against The World* 的剪辑？请结合任务步骤说明。

参考答案

学生评价和教师评价

学生自评表

序号	学习目标达成自评	佐证	达标	未达标
1	通过《我的祖国》的结构分析，感受爱国主义思想和英雄主义气概	能够分析歌曲的前奏、主歌、副歌等结构元素，并阐述其情感表达与爱国主义内涵		
2	培养对音乐情绪与视频叙事关联性的敏感度，强化情感共鸣意识	能够根据视频主题选择适配情绪类型的音乐		
3	提升音乐剪辑的细致性与耐心，注重音乐节奏与画面动态的协调性	能够通过波形分析精准定位音乐剪辑点，完成节奏匹配与组接		
4	掌握音乐类型分类及细分流派的特点与应用场景	能够列举流行、电子、国风等音乐类型及其适用场景		
5	理解音乐结构元素的功能及剪辑衔接意义	能够解析《我的祖国》中桥段、间奏的功能，并说明其在剪辑中的衔接意义		
6	熟悉音乐情绪类型与适用场景的匹配原则	能够为悬疑类画面匹配"神秘"或"紧张"情绪的音乐，并解释匹配逻辑		
7	掌握音乐剪辑四大核心方法（预判旋律法、重复旋律法、重拍衔接法、骤停反差法）的操作要点	能够运用重拍衔接法裁剪音乐重音位置，并通过恒定增益效果实现自然过渡		
8	了解音乐波形分析技巧及重复段落识别方法	能够通过波形密度和形态识别 *Against the World* 中的重复段落并完成裁剪优化		
9	能够根据平台要求、短视频时长裁剪音乐结构，保留关键段落并适配输出	能够将 *Experience* 的 5 分钟原曲剪接为保留前奏和高潮的 2 分钟版本，适配短视频时长限制		
10	能够熟练运用音频过渡效果（如恒定增益、音量关键帧）实现音乐自然衔接与淡入淡出	在 *Against the World* 组接任务中，通过关键帧调整音量，消除片段衔接的突兀感		
11	能够在音乐剪辑中探索创新手法，提升作品的艺术表现力	能够尝试在骤停反差法中叠加环境音（如鸟鸣），增强视频节奏与反差效果		
12	能够结合音乐动态结构与画面叙事设计综合性视听语言	能够为宣传片设计音乐与画面动态匹配方案（如高潮段配合宏大场景转场）		

说明：

1. 达标：如果能够完成佐证中的任务，说明该学习目标已达成，打"√"。

2. 未达标：如果无法完成佐证中的任务，说明该学习目标未达成，打"×"。

教师评价表

序号	学习目标达成评价	佐证	达标	未达标
1	通过《我的祖国》的结构分析，感受爱国主义思想和英雄主义气概	能够分析歌曲的前奏、主歌、副歌等结构元素，并阐述其情感表达与爱国主义内涵		
2	培养对音乐情绪与视频叙事关联性的敏感度，强化情感共鸣意识	能够根据视频主题选择适配情绪类型的音乐		
3	提升音乐剪辑的细致性与耐心，注重音乐节奏与画面动态的协调性	能够通过波形分析精准定位音乐剪辑点，完成节奏匹配与组接		
4	掌握音乐类型分类及细分流派的特点与应用场景	能够列举流行、电子、国风等音乐类型及其适用场景		
5	理解音乐结构元素的功能及剪辑衔接意义	能够解析《我的祖国》中桥段、间奏的功能，并说明其在剪辑中的衔接意义		
6	熟悉音乐情绪类型与适用场景的匹配原则	能够为悬疑类画面匹配"神秘"或"紧张"情绪的音乐，并解释匹配逻辑		
7	掌握音乐剪辑四大核心方法（预判旋律法、重复旋律法、重拍衔接法、骤停反差法）的操作要点	能够运用重拍衔接法裁剪音乐重音位置，并通过恒定增益效果实现自然过渡		
8	了解音乐波形分析技巧及重复段落识别方法	能够通过波形密度和形态识别 *Against the World* 中的重复段落并完成裁剪优化		
9	能够根据平台要求、短视频时长裁剪音乐结构，保留关键段落并适配输出	能够将 *Experience* 的 5 分钟原曲剪接为保留前奏和高潮的 2 分钟版本，适配短视频时长限制		
10	能够熟练运用音频过渡效果（如恒定增益、音量关键帧）实现音乐自然衔接与淡入淡出	在 *Against the World* 组接任务中，通过关键帧调整音量，消除片段衔接的突兀感		
11	能够在音乐剪辑中探索创新手法，提升作品的艺术表现力	能够尝试在骤停反差法中叠加环境音（如鸟鸣），增强视频节奏与反差效果		
12	能够结合音乐动态结构与画面叙事设计综合性视听语言	能够为宣传片设计音乐与画面动态匹配方案（如高潮段配合宏大场景转场）		

说明：

1. 达标：如果能够完成佐证中的任务，说明该学习目标已达成，打"√"。
2. 未达标：如果无法完成佐证中的任务，说明该学习目标未达成，打"×"。

项目6

口播视频剪辑

学习目标

素质目标	1. 培养学生对口播视频创作中互动性与观众共鸣的重视，增强与观众建立情感连接的意识。 2. 提升学生在视频剪辑全流程中的团队协作能力，以及与客户（甲方）沟通、反馈整合及反复修改的配合意识。 3. 鼓励学生在剪辑实践中探索个性化表达，通过创新剪辑手法（如景别变换、特效设计）提升视频吸引力。
知识目标	1. 掌握口播视频的主要特点（内容直接、制作成本低、互动性强、灵活性高）及应用场景。 2. 理解竖屏视频的景别运用原则（多用中景/近景、适当特写、避免全景）与真竖屏、假竖屏的区别。 3. 掌握口播视频的剪辑技巧，包括景别变换、特效添加、字幕设置、节奏调整等核心方法。 4. 了解字幕的分类（内封字幕、外挂字幕）及规范（位置、字体、标点、字数限制）。 5. 熟悉抖音等短视频平台的字幕安全边距规则及 UI 适配要点。
能力目标	1. 能够根据口播内容主题，设计合理的剪辑方案，运用景别变换、特效添加等技巧提升视频表现力。 2. 能够熟练使用剪辑工具完成素材导入、瑕疵删除、字幕智能识别与样式优化等基础操作。 3. 能够结合文案内容，通过字幕精简、关键气口标注、字体字号调整等操作提升视频可读性与专业度。 4. 能够根据甲方反馈修改视频，平衡创意表达与客户需求，完成高质量成片输出。 5. 能够适配不同平台（如抖音竖屏）的剪辑要求，合理运用安全边距、画面聚焦等技巧，确保视频播放效果。

课程内容思维导图

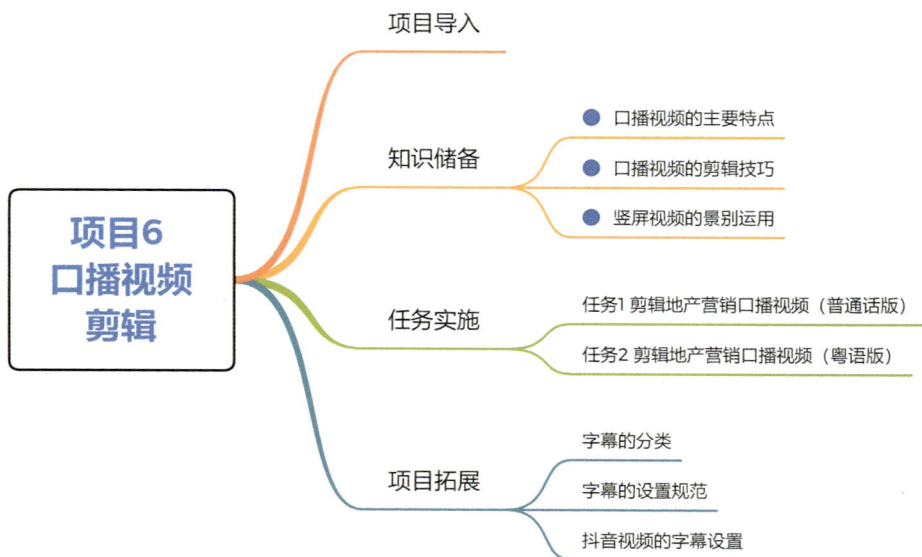

项目导入

知识储备
- 口播视频的主要特点
- 口播视频的剪辑技巧
- 竖屏视频的景别运用

项目6
口播视频剪辑

任务实施
- 任务1 剪辑地产营销口播视频（普通话版）
- 任务2 剪辑地产营销口播视频（粤语版）

项目拓展
- 字幕的分类
- 字幕的设置规范
- 抖音视频的字幕设置

　　地产公司短视频运营专员陈默发现，近期公司抖音账号发布的传统房源展示视频引流效果持续下滑，而竞品"房产博主口播"形式的视频获客量增长迅猛。运营总监紧急开会指出："短视频营销已进入'内容深耕'阶段，客户更信任真人输出的专业观点而非硬广告。我们需要在两周内完成 10 条高质量口播视频，用于提升用户互动和私域引流。"本项目将通过真实的企业项目"地产营销口播视频"，带大家掌握三项核心能力——剪辑增效、精准适配、标准化输出，下面一起开启本次技能升级之旅吧！

知 识 储 备

一、口播视频的主要特点

　　口播视频即视频的创作者或主持人在视频中直接用口述的方式介绍、评论或讲解某个主题或内容。这种形式的视频创作者通过直接对镜头说话，与观众建立一种面对面的交流感，允许创作者展示自己的个性和风格，使内容更加生动和有趣。相比需要复杂剪辑和特效的视频，口播视频通常制作起来更加简单快捷。早期的电视广告中，主持人或演员直接向观众介绍产品或服务，这就是口播视频的雏形。随着短视频平台的兴起，口播视频迎来了爆发式增长。口播视频可以应用于多种场景，比如教育、产品介绍、新闻播报、个人博客等。

1. 内容直接，信息传递高效

　　口播视频通过博主直接用语言讲述内容，无需复杂的画面情节铺垫，能够在短时间内将核心信息清晰、准确地传达给观众。例如，在新闻资讯类口播视频中，主播可以迅速地将最新的时事热点、政策法规等重要信息传递给观众，满足他们对信息及时性的需求。

2. 制作成本低，操作门槛低

　　相较于一些需要专业设备、复杂场景布置和后期特效制作的视频类型，口播视频的制作相对简单。创作者只需要一部手机或一台摄像机作为拍摄设备，一个相对安静、整洁的空间作为拍摄场地，就可以开始录制。在后期制作方面，也只需要进行简单的剪辑、添加字幕等操作，就能够完成一部口播视频的制作。这种低制作成本和低操作门槛的特点，使得口播视频成为一种适合广大普通创作者参与的视频创作形式，为更多人提供了展示自我、分享知识和经验的平台。

3. 互动性强，容易引发观众共鸣

　　口播视频通常以创作者与观众直接对话的形式呈现，这种亲密的交流方式能够拉近创作者与观众之间的距离，增强观众的参与感和互动性。观众在观看口播视频的过程中，能够更加直观地感受到创作者的情感、态度和价值观，容易与创作者产生共鸣。例如，在情感励志类口播视频中，创作者通过分享自己的人生经历、挫折与成长，以及对生活的感悟和积极向上的态度，能够深深地

打动观众，激发他们内心的情感共鸣，让他们在观看视频的过程中获得力量和勇气，从而更加积极地面对生活中的困难和挑战。此外，观众还可以通过在视频下方留言、点赞、分享等方式，与创作者进行互动交流，表达自己的看法、意见和建议，进一步增强了创作者与观众之间的联系和互动。

4. 灵活性高，适用场景广泛

　　口播视频的内容和形式具有很强的灵活性，可以根据不同的主题、目的、受众群体和平台特点进行多样化的创作和呈现。在内容方面，口播视频可以涵盖各种领域和类型的知识、信息和故事，如新闻资讯、知识科普、文化艺术、生活技巧、情感励志、娱乐八卦等，满足不同观众的兴趣爱好和知识需求。在形式方面，口播视频可以采用多种不同的表现形式，如单人讲述、双人对话、多人讨论、情景模拟、动画演示等，根据内容的特点和需要选择合适的形式，以增强视频的趣味性、吸引力和表现力。此外，口播视频的适用场景也非常广泛，可以在各种不同的平台上发布和传播，如短视频平台、社交媒体平台、视频网站、知识付费平台等，满足不同平台用户的需求和喜好。同时，口播视频还可以应用于各种不同的领域和场景，如教育教学、企业培训、产品推广、品牌宣传、广告营销、心理咨询、文化传承等，为不同领域和行业的发展提供有力的支持和帮助。

微课视频 6-1
口播视频的主要特点

二、口播视频的剪辑技巧

　　(1)适当变换景别。

　　大多时候，口播视频画面上都是人物在说话，观众很容易感到无聊。"如果观众开始打呵欠，这便是剪辑师最严重的罪过。失败的剪辑让观众心不在焉、双眼迷茫，他们因此会更加注意到影片的失误和问题。"[1] 有眼动实验表明，一个画面固定不动，超过 2.7 秒观众就受不了了，因此需要适当变换景别。可以由中景变换为近景，也可以根据情绪直接由中景变换为特写。因此拍摄时，建议拍摄 4K 分辨率的源视频，方便剪辑时放大处理。

　　变换景别还可以通过添加蒙版的方法实现，具体做法是：在需要做蒙版的位置截断素材，复制一层，选择复制出来的素材，来到蒙版面板，选择圆形蒙版，调整蒙版大小位置，来到特效面板，搜索模糊，添加效果。

　　(2)适当添加特效。

　　口播中适当加入一些特效，也是去除画面沉闷感的好方法。如添加背景模糊特效，直接添加会遮挡人物，可以这样做：将需要做效果的位置裁剪出来，复制一层，来到抠像面板，选择智能抠像，把人物抠出来，再到特效面板，找到综艺，选择想要的特效，添加到原视频下（不是复制出来的新层）。再如在需要做情绪的地方添加逐渐放大和冲刺特效，在人物说话的关键点，给人物添加灵机一动特效。在特效—综艺里，有很多适合强调的特效。

　　(3)剪辑前，可以先美颜，再自动识别字幕，开展后续的编辑，这样可以让字幕不变形。

　　(4)添加配乐，要留出一点进入高潮的时间，不要直接从高潮部分裁切，以便人物口播完必要的交代内容。

　　(5)为口播视频做一个封面，可以从视频中挑出最具吸引力的一帧，也可以专门设计一张图片。

---

[1] 鲍比·奥斯廷.看不见的剪辑(插图版)[M].张晓元、丁舟洋，译.北京：世界图书出版公司，2013.

三、竖屏视频的景别运用

竖屏视频与横屏视频不同,它的画面更窄,对视觉的聚焦效果更强。因此,对于竖屏视频的画面,我们需要尽量做到让主体更加突出,强调内容的直观呈现,因为观众没有时间和耐心来对画面进行审视。具体而言,竖屏视频的景别具有以下特征。

1. 使用真竖屏,而不是横屏直接转换

真竖屏指完全按照竖屏格式制作的视频。这类视频在拍摄和编辑时就考虑到了竖屏的观看体验,画面布局、动作设计和视觉元素都适应了手机屏幕的纵向比例。例如,人物对话或动作主要在垂直方向上展开,不会在横向有过多的延伸,确保用户在观看时不需要旋转手机。

假竖屏指那些原本为横屏格式制作,但为了适应竖屏观看而进行调整的视频。这类视频在竖屏模式下观看时,可能会出现黑边(letterboxing),即视频内容在屏幕中央显示,上下没有画面内容的部分则显示为黑色。或者,视频内容可能被裁剪,以适应竖屏的显示比例,这可能会导致画面的一部分被切掉,影响观看体验。

真竖屏视频为竖屏观看提供了最佳体验,而假竖屏视频只是为了适应竖屏平台而做出的妥协。

2. 多用中景、近景,少用全景、远景

在竖屏视频中,画面的宽度小于画面的高度,画幅比例通常为 9∶16,因此它的两边都被裁切掉的。这样的画面构图不适合全景、远景等大景别的横向展开。在横屏视频中,大景别能够交代很多信息,但在竖屏视频中,大景别因为受到画幅的影响,并不能完整地展现场景信息,在叙事效果上被严重削弱。而中景和近景镜头能够更好地突出主体,更适合在竖屏视频中使用。

3. 适当多使用特写景别

特写景别在影视作品中有着特殊的强调和暗示作用,能够放大某些信息,但不建议过多使用。在竖屏视频中,由于特写景别裁切了画面左右的画幅,能够更有效地让观众聚焦画面。特写景别可以呈现主体细节,放大情绪,相比横屏视频,竖屏视频可以适当多使用一些特写景别,不必担心这样会让观众过于疲劳,因为短视频时长很短,短时间内的聚焦观众还是可以做到的。当特写镜头不再能给观众提供新的信息时,再切换到中、近景镜头,这样也可以让新的画面信息进入观众视野。

4. 突出主体而不是追求纵深

由于画幅比例的差异,竖屏画面在展现纵深空间感方面比较欠缺。在竖屏视频画面中,主体通常会占据画面比较大的部分,这样就阻碍了纵深画面的表现。竖屏的视角相比横屏显得狭窄许多,所以我们在创作竖屏视频时,应该转换思维,不去刻意追求横屏视频的那种纵深感,而是将注意力集中在主体内容的呈现上。视频是流动的,它难以做到像静止图片那样供人审视,所以在竖屏视频中,我们应该把关注点放在怎样突出主体上。为了突出主体,我们可以利用前景的虚化效果,让画面有一些虚实对比,从而使画面更有层次。我们也可以利用光影的对比来增加画面的层次。通过光线的塑形,可让处于暗部的画面具有退后感,而亮部区域则会更加靠前,这样能够在视觉上增强画面的立体纵深感。

任 务 实 施

一、任务 1：剪辑地产营销口播视频（普通话版）

1. 口播内容分析

地产营销口播视频原始素材如图 6-1 所示。这段口播探讨了中国房价的 4 个阶段,指出未来 15 年房价将呈现"剪刀型"分化:地段好、品质高的房子仍有涨价空间,而地段差、质量低的房子可能面临贬值。博主提醒购房者要学会筛选优质房源,强调地段的重要性,最后明确将为江门购房者提供免费的板块分析和买房指南,达成引流目的。

剪辑时,可考虑将 4 个 15 年的房价变化用时间线的方式呈现,在描述情感化语言时,可以通过剪辑手法如慢动作、特写镜头来加强情感表达。视频引流针对江门地区,可以在剪辑中加入一些江门的地标性建筑或风景,增加地域认同感。

口播稿1.MOV　　口播稿2.MOV　　口播稿3.MOV　　口播稿4.MOV

口播稿5.MOV　　口播稿6.MOV　　口播稿7.MOV　　口播稿8.MOV

图 6-1　地产营销口播视频原始素材

2. 剪辑实训步骤

1）导入拍摄视频,分析原始素材

本项目口播视频使用剪映进行剪辑。将拍摄好的视频素材导入剪映专业版中。在导入过程中,仔细检查素材的格式和完整性,确保没有损坏或丢失的文件。导入完成后,开始对原始素材进行分析。逐帧观看视频,记录每个镜头的内容、时长、拍摄角度、光线条件以及画面的稳定性等信息。通过分析素材,明确哪些镜头是高质量的,哪些镜头可能存在瑕疵,为后续的剪辑提供方向。

2）剪接视频画面,删除瑕疵镜头

进入剪辑环节,根据视频口播脚本,对画面进行剪接。仔细观看每一个镜头,寻找并删除那些存在瑕疵的部分。瑕疵镜头可能包括画面模糊、晃动、光线不足或过曝、声音嘈杂等情况。这些镜头不仅会影响观众的观看体验,还可能分散观众的注意力,因此需要果断去除。

3）添加背景音乐，调整人声音量

添加合适的背景音乐是加强口播视频氛围和情感表达的关键步骤。要注意选择与口播视频主题相符的音乐。添加音乐后，调整音乐的音量，使其与人声相互协调。确保人声清晰可辨，不会被背景音乐淹没，同时背景音乐也不会过于微弱而失去其衬托作用。通过多次试听和调整，找到最佳的音量平衡。

4）智能识别字幕，设置字体字号

利用剪映专业版的智能字幕功能，自动识别视频中的人物对话内容并生成字幕。虽然智能识别功能已经非常强大，但仍需对生成的字幕进行核对和修正，确保字幕的准确性。之后，根据视频的风格和受众群体，选择合适的字体和字号。字体应简洁易读，字号要适中，既不能过大影响画面整体效果，也不能过小导致观众难以看清。此外，还可以对字幕的颜色和透明度进行调整，使其与画面风格相匹配。

5）突出关键气口，修改字幕样式

在人物对话的字幕中，找到关键的气口（即说话时的停顿和呼吸点），并对这些位置进行断句或添加强调符号。这样可以使字幕更加符合人物说话的节奏，增强观众的阅读体验。同时，根据视频的风格和内容，对字幕的样式进行进一步修改。比如，添加字幕的边框、阴影或动画效果，使字幕更具吸引力和视觉冲击力，从而更好地衬托视频内容。

6）放大重点景别，调剂视频节奏

为了突出视频中的重点内容，选择关键镜头进行放大处理。例如，口播人物情绪有变化时，通过放大画面，让观众能够更清晰地看到细节，从而更好地理解视频所传达的信息。此外，根据视频的整体节奏和叙事需求，调整镜头的切换速度和时长。在精彩瞬间或重要情节处适当放慢节奏，让观众有更多时间去感受；而在过渡镜头或节奏较快的部分则加快切换速度，使视频更具动感和吸引力。

7）对照口播文案，核校文字差错

在完成字幕的初步设置后，对照口播文案逐字核对字幕内容。检查字幕是否与口播文案完全一致，是否存在错别字、语病或标点符号错误等问题。如果发现问题，及时进行修正，确保字幕的准确性和专业性。这一步非常重要，因为字幕不仅是视频的重要组成部分，也是观众获取信息的重要途径，任何错误都可能影响观众的理解和体验。

8）听取甲方意见，反复修改完善

完成初步剪辑后，将视频呈现给甲方（客户或项目负责人）并听取他们的意见。甲方可能会对视频的内容、风格、节奏、字幕等方面提出修改建议。认真记录甲方的意见，并根据建议进行反复修改和完善。在修改过程中，保持与甲方的沟通，及时反馈修改进度，确保最终的视频能够满足甲方的要求和期望。

9）仔细观看检查，导出视频成片

在完成所有修改后，从头到尾仔细观看视频，检查是否有遗漏的细节、需要进一步调整的地方，或者是否还有任何瑕疵。确认视频内容完整、画面流畅、音频清晰、字幕准确无误后，选择合适的视频格式和分辨率（参考项目 2 学习的内容）进行导出。导出时，确保视频的画质和音质符合播放标准，能够在不同的设备上无缝播放。最后，保存导出的视频文件，并备份原始素材和工程文件，以备后续进行进一步的修改或优化。

二、任务2：剪辑地产营销口播视频（粤语版）

1. 口播内容分析

地产营销口播视频素材如图6-2所示。这段口播围绕"结婚成家是否一定要先买房"的话题展开讨论。通过引用《中国青年报》的调查数据（67%的年轻人认为结婚应有自己的房子），结合传统观念中"先有房再有家"的思想，引发观众思考。脚本以轻松幽默的语气，提出买房应根据个人需求和实际情况决定，而非盲目随大流。最后，强调生活节奏应由自己掌控，呼吁观众在评论区分享看法，形成互动。整体内容既贴近现实，又带有引导性，适合引发讨论和共鸣。

口播文本通过选择贴近生活的话题、直接提问、互动引导、幽默表达以及专业身份背书等多种技巧吸引观众参与讨论，具有较强的引流效果。

(1) 选择"结婚成家是否一定要先买房"这一普遍关注的话题，引发观众的共鸣和讨论欲望。

(2) 直接提问，"结婚成家一定要先买楼吗？"直接引导观众思考并参与讨论。

(3) 明确邀请观众将想法打在评论区，增强互动性。

(4) "先买楼不结婚！讲下笑姐"，通过轻松幽默的语气拉近与观众的距离，增加亲和力。

(5) 身份背书，提到"天眼妹作为一个房产博主"，利用专业身份增加内容的权威性和可信度。

图6-2　地产营销口播视频素材

2. 剪辑实训步骤

1) 旋转视频

把素材导入剪映后，首先检查视频是否倒置或方向错误。这种情况常见于手机拍摄的视频，尤其是竖屏拍摄的素材。使用剪映中的旋转功能（通常为90°或180°旋转），将视频调整到正确的方向。确保画面水平，避免观众观看时感到不适。

2) 智能识别字幕

使用剪映自带的智能字幕识别功能，自动生成字幕。这一步可以大幅提高后期编辑的效率。识别后，快速浏览生成的字幕，确保大致准确，方便后续逐段编辑。

3) 设置字幕字体字号

根据视频风格选择合适的字体。例如，正式场合使用简洁的无衬线字体，创意视频可以使用手写体或艺术字体。调整字幕字号，确保在不同设备上都能清晰可见。颜色选择上，通常使用白色或黄色字幕，搭配黑色描边，以增强可读性。确保所有字幕的字体、字号、颜色和位置保持一致，避免视觉混乱。

4) 删除瑕疵镜头

使用分割工具将视频切割成多个片段，方便单独处理每个镜头。配合向左或向右裁剪工具，删除多余的镜头或瑕疵部分，如拍摄失误、画面抖动或无关内容。确保每个镜头都有明确的表达目的，避免冗长或重复的内容。

5) 逐段编辑，优化字幕与音效

根据文案内容，对重点词汇进行样式调整，如加粗、变色或添加动画效果，增强视觉吸引力。

在关键节点添加适当的音效,如点击声、提示音或环境音,增强视频的沉浸感。

根据文案内容,插入合适的图片、视频片段或动画,丰富画面内容,避免单调。

6) 字幕精简,提升可读性

两行变一行,将过长的字幕修剪为一行,确保观众能够快速阅读并理解内容。

分段显示,如果文案较长,可以将字幕分段显示,避免一次性出现过多文字。

7) 校正字幕

逐字校对,仔细检查智能识别生成的字幕,修正错别字、漏字或识别错误的部分。

补充遗漏,如果某些部分未被识别,手动添加缺失的字幕,确保文案完整。

8) 调整字幕位置,确保在安全边距内

将字幕放置在画面的安全区域内,避免被视频平台的 LOGO 或播放控件遮挡。

所有字幕的位置一致,通常放置在画面底部中央,避免频繁移动影响观看体验。

9) 添加背景音乐

根据视频主题选择合适的背景音乐。例如,轻松愉快的视频可以选择轻快的音乐,正式场合则选择舒缓或庄重的音乐。调整背景音乐的音量,确保不会掩盖人声或音效,保持平衡。

10) 音效点缀

在文案的重点词汇处或画面切换时,添加适当的音效,如"叮咚"声、点击声或转场音效,增强视频的节奏感。确保音效与画面动作同步,避免出现音画不同步的情况。

11) 美颜美体,提升画面质感

选中所有视频片段,统一应用美颜美体效果,确保画面中的人物肤色均匀、细节清晰。避免过度美颜,保持自然效果,避免观众感到不真实。

12) 精选一帧做封面

从视频中选择一帧清晰、表情自然或视觉效果突出的画面作为封面。在封面中添加标题、关键词或 LOGO,增强封面的吸引力,提升点击率。

项 目 拓 展

一、字幕的分类

字幕即在视频中显示的文字信息,通常位于画面的底部或其他某一固定区域,以文字形式呈现对话、旁白、解说或其他重要信息,与画面和声音相结合,起到补充、解释或强调的作用。

字幕根据其存储和使用方式分为内封字幕和外挂字幕。

1. 内封字幕

内封字幕(internal subtitles)将字幕数据直接封装到视频文件内部,成为视频文件的一部分。由于字幕嵌入视频文件中,几乎所有播放器都能直接读取并显示字幕,无需额外的字幕文件或插件支持。

2. 外挂字幕

外挂字幕(external subtitles)的字幕文件独立于视频文件,以单独的字幕文件(如 SRT、ASS、SUB 等格式)存储,并在播放时由播放器调用。字幕文件需要与视频文件放在同一文件夹下,且文件名相同,否则播放器可能无法自动调用字幕。观众可以根据个人喜好调整字幕的语言种类、字体、颜色、大小,或者选择隐藏字幕。

二、字幕的设置规范

1. 字幕的位置

字幕的位置,要兼顾所有的播放设备。由于不同尺寸的显示设备显示范围不同,太靠近四边的内容可能会被裁剪,因此字幕需要设置安全框。对于标清视频,片头片尾字幕安全框范围为画面的 90%,对白字幕为画面的 80%。对于高清视频,片头片尾字幕安全框范围为画面的 90%,对白字幕为画面的 87.2%。对于电影,片头片尾字幕安全框范围为画面的 90%,对白字幕为画面的 80%。

2. 字幕的字体字号

字体首选黑体(方正黑体、思源黑体、微软雅黑均可,但要注意版权)。片头片名字体可适度创作,但需易于辨认。对白、旁白、解说词等字幕字体宜为黑体。

2K/HD 影片的静态片名字幕字号不小于 40 像素。高清电视节目解说词字幕一般为 36 像素。片尾滚动字幕高度为 40～54 像素(2K)或 86～108 像素(4K)。

对白及解说词字幕颜色为白色(容差 90%～100%)。背景明度过高时,字幕可加 1～2 像素黑边。

对白字幕居中对齐,多人对话可采用上下两行显示。片尾滚动字幕以中间空格为中线,两边对齐。

3. 字幕的标点符号使用

原则上不使用标点符号,如句号、问号、感叹号等,必要时可用空格代替停顿,但书名号、人名中的间隔号、引号等特殊符号可保留,这些特殊符号要使用全角格式。

可以去掉多余的语气词、口头禅、错话、复句等零碎语句。可以修正口语中漏掉的关键字词,修正不太严重的口误,修正不便修改的发音等。在修正的字幕中,直接使用正确字词,并用括号括起来,表明是纠正的文字。

4. 字幕的长度

每条字幕控制在 14～15 字以内,具体数量因字号大小而微调。断句应以内容为依据,避免拆分词语。

5. 字幕的速度

对白字幕时间轴需精准,停留时间 3～10 秒。滚动字幕速度,垂直高度为 40 像素时,速度不大于 110 像素／秒;垂直高度为 54 像素时,速度不大于 130 像素／秒。对于 4K 视频,垂直高度为 86 像素时,速度不大于 190 像素／秒;垂直高度为 108 像素时,速度不大于 220 像素/秒。

三、抖音视频的字幕设置

发布于抖音平台的视频作品,进行字幕设计时首先要注意安全边距和 UI 界面问题。

安全边距(safe area),也称为安全区域或安全框,指的是在视频画面中,可以保证观众看到的区域(见图 6–3)。这个概念对于确保视频内容在不同设备和屏幕尺寸上都能被完整观看非常重要。对于标清视频而言,画面安全框为画幅的 90%,字幕安全框为画幅的 80%,亦即对画面而言,上下左右要各让出 5%;对字幕而言,上下左右要各让出 10%。而对于高清以上的视频,SMPTE 组织[1]规定画面安全框的范围为画幅的 93%,字幕安全框的范围为画幅的 90%。

图 6–3　安全边距

在设计视频时,需要保证所有重要的视觉元素和文本,如标题、花字和对白字幕,以及公司标志、产品图像和其他关键图形元素等,都包含在安全区域内,以避免在不同显示设备上被裁剪或部分显示。

当视频从一种宽高比转换到另一种宽高比时(例如从 16∶9 转换到 4∶3),如果没有考虑安全边距,视频的某些部分也可能会在屏幕边缘被裁剪掉。

在抖音、快手等视频平台,还要考虑相应 APP 的 UI 界面,避免字幕看不清。如花字出现的位置太靠下方,与上传平台后在左下角出现的文案重叠;太靠右边,与点赞、收藏、评论图标重叠;太靠左边,挤压边缘,不能适配刘海屏手机、贴膜过头的手机。因此,字幕不能太长,一条字幕要控制在 14～15 字以内;一般也不要排两行,如果一句话的字数较多,要分屏显示,断句的位置放在人说话的气口上。

除此之外,应该使不做特别强调的字幕保持统一的位置和样式,遵守平面设计的重复原则。所谓重复原则,即让设计中的视觉要素在整个作品中再次出现,如重复颜色、形状、材质、空间关系、线宽、字体、大小和图片等。为什么要重复?重复能增加条理性,加强统一性。设计中视觉元素的重复可以将作品中的各部分连在一起,从而统一并增强整个作品,否则这些部分只是彼此孤立的单元。

---

[1] SMPTE,即 Society of Motion Picture and Television Engineers,电影和电视工程师协会,是一个全球性组织。它制定了视频音频编码、传输和存储的多项标准,如 MXF、IMF、SDI 等。

检查评价

检查测试题

单选题

多选题

判断题

参考答案

简答题：

1. 有哪些方法可以丰富口播视频画面，减少沉闷感？
2. 有什么方法可以提高口播视频的剪辑效率？

学生评价和教师评价

学生自评表

序号	学习目标达成自评	佐证	达标	未达标
1	能够准确描述口播视频的主要特点	正确列举 4 项核心特点；成片中体现内容直接性、互动性等特征		
2	能够区分真竖屏与假竖屏的差异，并说明竖屏视频的景别运用原则	成片中使用中景 / 近景且无黑边裁剪		
3	能够运用景别变换（中景→近景 / 特写）和特效（模糊、"灵机一动"）减少画面沉闷感	成片中至少有 3 处景别变换及 1 处特效应用		
4	能够根据平台要求设置字幕（字体、字号、安全边距），确保可读性与适配性	成片字幕符合规范且未超出安全边距；剪辑工程文件显示字幕位置调整记录		
5	能够解释字幕分类（内封 / 外挂）及标点符号使用规范	成片字幕无句号、问号，保留必要引号		
6	能够通过剪辑工具完成基础操作（导入素材、删除瑕疵、智能识别字幕）	成片无画面抖动或声音瑕疵		
7	能够根据文案内容优化字幕（精简断句、关键气口标注、样式调整）	成片字幕每行不超过 15 字且分段合理		
8	能够结合甲方反馈修改视频（如调整节奏、补充素材），平衡创意与客户需求	提交至少 2 版修改稿（附甲方意见）；最终成片符合引流目标		
9	能够适配抖音竖屏要求（封面设计、UI 避让、背景音乐适配）	成片封面含标题、LOGO；字幕未与点赞、评论图标重叠		
10	能够通过剪辑实践展现个性化表达（如创意转场、情绪节奏设计）	成片包含至少 1 处创新剪辑手法（如慢动作特写）		
11	能够解释互动性设计策略（如提问、评论区引导）在口播视频中的作用	成片含明确互动引导（如"将想法打在评论区"）		

续表

序号	学习目标达成自评	佐证	达标	未达标
12	能够通过团队协作完成全流程剪辑（策划→拍摄→修改→成片）	成片内容与脚本高度一致		

说明：

1. 达标：如果能够完成佐证中的任务，说明该学习目标已达成，打"√"。
2. 未达标：如果无法完成佐证中的任务，说明该学习目标未达成，打"×"。

教师评价表

序号	学习目标达成评价	佐证	达标	未达标
1	能够准确描述口播视频的主要特点	正确列举4项核心特点；成片中体现内容直接性、互动性等特征		
2	能够区分真竖屏与假竖屏的差异，并说明竖屏视频的景别运用原则	成片中使用中景/近景且无黑边裁剪		
3	能够运用景别变换（中景→近景/特写）和特效（模糊、"灵机一动"）减少画面沉闷感	成片中至少有3处景别变换及1处特效应用		
4	能够根据平台要求设置字幕（字体、字号、安全边距），确保可读性与适配性	成片字幕符合规范且未超出安全边距；剪辑工程文件显示字幕位置调整记录		
5	能够解释字幕分类（内封/外挂）及标点符号使用规范	成片字幕无句号、问号，保留必要引号		
6	能够通过剪辑工具完成基础操作（导入素材、删除瑕疵、智能识别字幕）	成片无画面抖动或声音瑕疵		
7	能够根据文案内容优化字幕（精简断句、关键气口标注、样式调整）	成片字幕每行不超过15字且分段合理		
8	能够结合甲方反馈修改视频（如调整节奏、补充素材），平衡创意与客户需求	提交至少2版修改稿（附甲方意见）；最终成片符合引流目标		
9	能够适配抖音竖屏要求（封面设计、UI避让、背景音乐适配）	成片封面含标题、LOGO；字幕未与点赞、评论图标重叠		
10	能够通过剪辑实践展现个性化表达（如创意转场、情绪节奏设计）	成片包含至少1处创新剪辑手法（如慢动作特写）		
11	能够解释互动性设计策略（如提问、评论区引导）在口播视频中的作用	成片含明确互动引导（如"将想法打在评论区"）		
12	能够通过团队协作完成全流程剪辑（策划→拍摄→修改→成片）	成片内容与脚本高度一致		

说明：

1. 达标：如果能够完成佐证中的任务，说明该学习目标已达成，打"√"。
2. 未达标：如果无法完成佐证中的任务，说明该学习目标未达成，打"×"。

项目 7

产品视频剪辑

学习目标

素质目标	1. 培养学生对商业视频制作中客户需求响应的意识，理解创意表达与产品卖点平衡的重要性。 2. 提升学生在全流程协作中的团队分工能力，包括脚本设计、素材管理、修改优化的协同配合能力。 3. 鼓励学生在动态拍摄与剪辑中探索创新手法，通过光影设计、特效动画等增强视频吸引力。
知识目标	1. 掌握产品视频的核心特点（直观性、场景化、动态展示）。 2. 掌握产品视频的 SCQA 叙事结构（情境、冲突、问题、回答）。 3. 理解动态拍摄剪辑技巧（环绕运镜、扫光、旋转台拍摄）的原理与应用场景。 4. 掌握 4K 高清素材的后期处理技术（缩放推拉、延时摄影加速、分屏剪辑）及画面动感营造方法。 5. 了解音效与背景音乐的适配原则（节奏匹配、情感烘托、音画同步）。
能力目标	1. 能够根据产品特性设计符合 SCQA 结构的脚本，突出核心卖点（如多功能性、便捷性）。 2. 能够运用动态拍摄手法（环绕运镜、扫光）和后期技术（缩放、延时加速）展示产品细节与功能。 3. 能够使用 Premiere 完成全流程剪辑，包括素材管理、分屏处理、颜色匹配、背景音乐剪接及成片导出。 4. 能够根据甲方反馈调整视频节奏（增删镜头、优化转场），平衡商业需求与创意表达。 5. 能够通过光影对比、音效点缀、二次构图等技术优化画面质感，提升视频的专业性与传播力。

课程内容思维导图

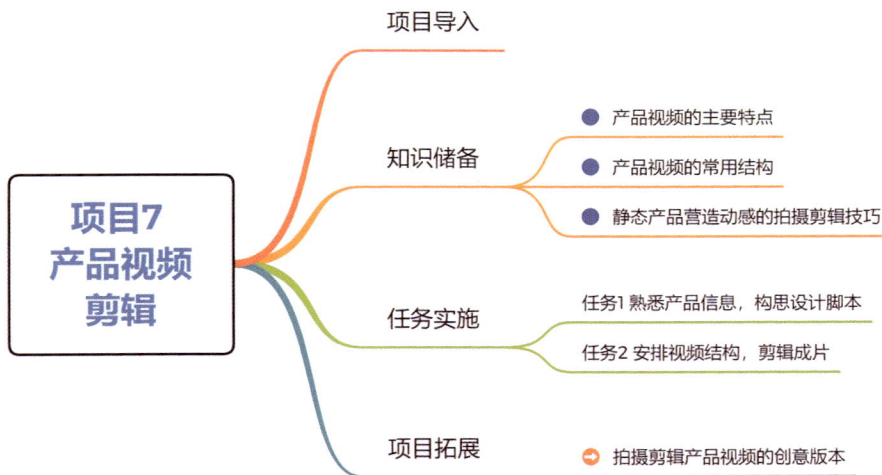

　　智能家电品牌"云栖科技"的短视频运营专员林薇发现,公司抖音旗舰店的新品电烤炉视频点击率持续走低,而竞品"动态化产品演示"类视频的转化率飙升 83%。产品经理在复盘会上敲着数据报告强调:"短视频赛道已进入'视觉冲击'时代,客户需要沉浸式感知产品细节而非静态说明书。我们必须在一周内完成 8 条高质感动态视频,用于新品预售造势。"本项目将通过真实的商业需求"电烤炉动态化视觉营销",带大家掌握三项实战能力——动感增效、结构适配、标准化输出,下面一起开启本次视觉升级之旅吧!

知 识 储 备

一、产品视频的主要特点

　　产品视频是一种以视频形式展示产品特点、功能、使用方法及优势的视频形式,通常用于商业推广、产品介绍、营销活动等场景,旨在通过生动的视觉和听觉效果吸引观众,提升产品的吸引力和销售转化率。

　　产品视频的主要特点是直观。与传统的文字和图片相比,视频能够通过视觉和听觉的双重刺激,将产品的外观、功能、操作流程以及使用场景等信息以更加生动和直观的方式呈现出来。这种直观性使得观众能够在短时间内快速理解产品的特点和优势,而无须花费大量时间阅读文字说明。

　　例如,一款复杂的电子产品,如果仅通过文字描述其功能和操作方法,用户可能需要花费数分钟甚至更长时间去理解。而通过产品视频,只需几十秒,用户就能通过实际演示看到产品的操作界面、功能亮点以及使用方法,极大地提高信息传递的效率。

　　产品视频的直观性还体现在视频能够展示产品的细节和质感上。通过高清画面、特写镜头、动态影像,观众可以清晰地看到产品的材质、工艺以及设计细节,这种视觉上的体验是文字和图片难以替代的。比如在珠宝产品的视频中,通过特写镜头可以展示宝石的光泽、切割工艺以及镶嵌的精细程度,从而增强产品的吸引力和可信度。

　　产品视频还可以直观演示产品的操作流程和使用方法,尤其对于复杂产品,能够帮助用户快速掌握其功能亮点,减少学习成本。例如,电子产品的操作界面或功能演示通过视频呈现更加易懂。

　　此外,产品视频通常结合使用场景,展示产品在实际生活中的应用,增强观众的代入感和购买欲望。场景化呈现有助于观众更好地理解产品的实用性和价值。

微课视频 7-1
产品视频的主要特点

二、产品视频的常用结构

产品视频常用 SCQA 模式(见图 7-1)安排结构,先铺排背景场所,交代使用场景,再渲染用户痛点,最后突出产品的特点解决问题。

SCQA 模式是一种问题解决和沟通技巧,它是一个缩写,代表着结构化沟通的四个关键元素:situation(情境)、complication(冲突)、question(问题)、answer(回答)。

situation(情境):SCQA 模式的第一个元素是描述情境,即提供背景信息和上下文,使对话双方在问题解决过程中有共同的理解和认知。

图 7-1　SCQA 模式示意图

complication(冲突):接下来,SCQA 模式描述情境存在的潜在冲突或矛盾。在产品短片中,往往要渲染用户的痛点。

question(问题):在确定了痛点后,SCQA 模式指出问题所在,以进一步探索和澄清情况,并推动思考,指明解决问题的方向。

answer(回答):最后,SCQA 模式提供回答或解决方案,以应对问题或挑战,解决痛点。这部分通常就是产品的特点本身。

对于产品视频而言,冲突、问题和回答可以在以下细分中选择:产品的面料、功能、承重、设计亮点、尺寸、款式、细节、使用方法等。选择的标准一是从消费者角度出发,设想消费者会关心什么,二是挑选最直观的画面进行展示,三是与同类产品对比独特的地方。可以从评论中提取灵感,看看买过的人都关注什么。

需要注意的是,常用结构适用于新手和普通产品视频,当剪辑的产品视频数量达到一定程度之后,应该根据产品视频的需求和客户实际,灵活迭代更新更多结构和创作手法。

三、静态产品营造动感的拍摄剪辑技巧

在产品视频的制作过程中,静态产品的拍摄往往容易显得单调乏味。为了打破这种静态感,拍摄和剪辑时需要运用一些技巧,赋予产品动态的视觉效果,从而吸引观众的注意力,增强视觉冲击力。以下是几种常见的拍摄和剪辑技巧,帮助静态产品在视频中"动起来"。

1. 环绕运镜:全方位展示产品

环绕运镜是常用的动态拍摄手法之一。通过围绕产品进行 360° 的环绕拍摄,可以全方位展示产品的外观和细节,避免单一角度的单调感。具体操作时,可以使用滑轨、稳定器或无人机等设备,确保镜头平稳流畅。环绕运镜不仅能展现产品的整体设计,还能通过不同角度的切换,

突出产品的重点部位,如 LOGO、材质纹理或功能按键等。此外,环绕运镜的速度可以根据背景音乐的节奏进行调整,快节奏的环绕适合展示产品的活力,慢节奏则适合突出产品的高端质感。

2. 4K 高清拍摄与后期缩放:推拉动感的营造

拍摄 4K 或更高清晰度的视频素材,可以为后期剪辑提供更大的灵活性。在后期编辑中,通过对视频画面进行缩放,可以模拟推拉镜头的效果,营造出动态感。例如,可以从产品的整体画面逐渐放大到某个细节部位,或者从细节部位拉远展示整体外观。这种手法不仅能让观众更清晰地看到产品的细节,还能通过画面的变化增强视觉冲击力。此外,缩放的速度和节奏可以与背景音乐或解说词的节奏相匹配,进一步提升视频的流畅感和观赏性。

3. 旋转台拍摄:赋予产品自转动感

旋转台是拍摄静态产品的利器。将产品放置在旋转台上,通过自动或手动旋转,可以让产品在镜头前"自转",从而产生动态效果。旋转台的速度可以根据产品的特性进行调整,例如,快速旋转适合展示产品的整体外观,慢速旋转则适合突出产品的细节设计。在拍摄时,可以结合推拉、环绕等运镜方式,进一步增强画面的动感。例如,镜头可以从远处逐渐推进,同时产品在旋转台上缓慢转动,这种组合运镜方式能让画面更加丰富,吸引观众的注意力。

4. 扫光技巧:光影变化营造动感

扫光是一种通过光影变化来引导观众注意力、突出产品重点的拍摄方法。具体操作时,可以使用可移动的 LED 灯棒,从产品的侧后方开始进行扫光。灯棒与产品的角度可以根据需要调整,常见的角度有 45°、90° 和 180° 。扫光时,光线逐步显现产品的局部(见图 7-2),形成一种"光影流动"的效果,从而增强画面的动态感。扫光的速度可以与背景音乐的节奏相匹配,快节奏的扫光适合展示产品的活力,慢节奏则适合突出产品的高端质感。此外,扫光还可以通过后期剪辑进行速度调整,进一步优化光影效果。

图 7-2　产品扫光图

5. 多角度切换与快速剪辑:增强节奏感

在后期剪辑中,多角度切换和快速剪辑是营造动感的有效手段。通过在不同角度之间快速切换,可以让画面更具节奏感和视觉冲击力。例如,可以从产品的正面、侧面、顶部等多个角度进行拍摄,然后在剪辑时快速切换这些画面,形成一种"视觉跳跃"的效果。这种手法特别适合展示产品的多个功能或设计亮点。此外,快速剪辑还可以与背景音乐的节奏相匹配,进一步提升视频的动感和观赏性。

6. 慢动作与延时摄影:突出细节与变化

慢动作和延时摄影是两种特殊的拍摄手法,可以为静态产品增添动态效果。慢动作适合展示产品的细节变化,例如液体倒入杯中的瞬间、机械部件的运动等。通过慢动作拍摄,可以让观众更清晰地看到产品的细节,增强视觉冲击力。延时摄影则适合展示产品的变化过程,例如食物的烹饪过程、植物的生长过程等。通过延时摄影，可以将长时间的变化过程压缩成几秒钟的画面，形成一种"时间加速"的效果，从而增强画面的动态感。

7. 背景与前景的动感结合

在拍摄静态产品时，可以通过背景和前景的动感结合来增强画面的动态效果。例如，可以在产品后方放置一个动态的背景，如流动的水、飘动的烟雾或旋转的光影，从而与静态产品形成对比，增强画面的层次感和动感。此外，还可以在前景中加入一些动态元素，如飘动的丝带、旋转的装饰物等，进一步丰富画面的视觉效果。

8. 后期特效与动画：增强视觉冲击力

在后期剪辑中，可以通过添加特效和动画来增强静态产品的动感。例如，可以在产品周围添加光晕、粒子效果或动态线条，从而增强画面的视觉冲击力。此外，还可以通过动画展示产品的功能或使用场景，例如通过动画演示产品的拆解过程、功能操作步骤等。这种手法不仅能让观众更直观地了解产品的特点，还能通过动画的动感效果增强视频的吸引力。

9. 音效与音乐的配合：增强节奏感

音效和音乐的配合是营造动感的重要因素。在剪辑时，可以选择节奏感强的背景音乐，并通过音效增强画面的动态感。例如，可以在产品旋转或扫光时添加相应的音效，如"嗖嗖"声或"滴答"声，从而增强画面的节奏感和动感。此外，音效和音乐的节奏还可以与画面的切换速度相匹配，进一步提升视频的流畅感和观赏性。

10. 色彩与光影的变化：增强视觉层次

色彩和光影的变化也是营造动感的重要手段。在拍摄时，可以通过调整灯光的角度和强度，形成不同的光影效果，从而增强画面的层次感和动态感。例如，可以通过渐变的光影效果，让产品在不同光线下呈现出不同的质感，从而增强画面的视觉冲击力。此外，还可以通过后期调色，增强画面的色彩对比度，进一步提升视频的动感和观赏性。

任 务 实 施

一、任务 1：熟悉产品信息，构思设计脚本

1. 脚本构思

本次任务是为艺龙电烤炉（见图 7-3）拍摄制作产品视频，供电商平台使用。

艺龙电烤炉是一款适合家庭、朋友聚餐等场景使用的家用电器，采用双层多功能设计，配备一个大烤盘和 8 个小烤盘，上下盘同时加热，支持自动控温、自动断电。商家主要要求突出其多功能性和便携性。

　　脚本可以考虑通过一系列镜头展示电烤炉的多功能性和便捷性。可以从烤盘配件和食材的展示开始,通过特写和俯视镜头呈现食材翻烤、调味的过程,突出烤盘和烤网的可更换性。接着,通过分屏、延时拍摄等手法,展示电烤炉的均匀发热和强大火力,以及食材从生到熟的变化。最后,以聚会场景和产品全景收尾,强调电烤炉适合聚会分享的特点。整体脚本通过丰富的镜头语言,展现了电烤炉的实用性和社交属性,适合电商推广。

图 7-3　艺龙电烤炉

2. 脚本设计

　　根据上面的构思,设计脚本,以下脚本供参考借鉴(见表 7-1)。

表 7-1　电烤炉产品视频脚本设计(电商版)

镜号	画面内容	景别	运镜	时长 /s	音乐 / 音效
1	烤盘全部配件与食材放在桌子上	远景、中景	从后往前移动直到看到电烤炉全貌	3.0	轻快的背景音乐,搭配轻微的餐具碰撞声
2	烤盘上放满食材,一边翻食材一边加调料	特写	俯视定镜	2.0	食材的滋滋声,撒调料的沙沙声
3	烤网上放满食材,一边翻食材一边加调料(与上一个镜头画面一样,更换烤网和食材,突出可以更换)	特写	俯视定镜	1.0	食材的滋滋声,撒调料的沙沙声
4	分屏显示,左边烤网,右边烤盘,同时拆除	特写	俯视定镜	2.0	轻快的背景音乐,搭配拆卸的轻微金属碰撞声
5	拆除上下烤架	特写	俯视定镜	1.0	拆卸的轻微金属碰撞声
6	清洗上烤架发热管	特写	轻微放大	1.0	水流声,清洗的刷刷声
7	水龙头清洗各种配件	特写	前移	2.0	水流声,清洗的刷刷声

镜号	画面内容	景别	运镜	时长 /s	音乐 / 音效
8	在摆放食材的桌子上放置烤网	大景	从左往右横移旋转	4.0	轻快的背景音乐，搭配餐具摆放的轻微碰撞声
9	在烤盘上放置食材并转动	中景	从右往左横移旋转	2.0	食材放置的轻微碰撞声，背景音乐
10	烤串冒出油脂	特写	左上横移到右下	1.0	油脂冒泡的滋滋声
11	翻动烤串，加上滋滋音效，突出火力强劲	特写	右上横移至左下	1.0	烤串的滋滋声，火焰声
12	撒调料	特写	从仰视前推到俯视	1.0	撒调料的沙沙声
13	吃烤串	特写	从右往左横移旋转（带人物前景）	1.0	咀嚼声，轻快的背景音乐
14	放置烤盘	特写	定镜	1.0	餐具摆放的轻微碰撞声
15	放置牛肉	特写	定镜	1.0	食材放置的轻微碰撞声
16	烤盘上放满食材，一边翻转食材，一边撒调料	中景	定镜	3.0	食材的滋滋声，撒调料的沙沙声
17	拍摄食材从生到熟	特写	延时拍摄，后期加速	2.0	食材从生到熟的滋滋声，背景音乐
18	撒调料	特写	俯视	1.0	撒调料的沙沙声
19	镜头往后推夹出食材	特写	后推	1.0	夹取食材的轻微碰撞声
20	干杯	特写	从桌子食材往上推到干杯	2.0	干杯的碰撞声，欢快的背景音乐
21	电烤炉整体大合照	全景	横移	6.0	轻快的背景音乐，结束音效

二、任务 2：安排视频结构，剪辑成片

（1）新建项目，导入素材，进行转码。

为拓展学习内容，让同学们在项目实训中得到更多锻炼，这个项目使用 Premiere 进行剪辑。新建项目，逐一将素材导入 Premiere。导入过程中，一般是全部导入。可以先简单按拍摄日期或存储卡分类，全部导入，然后参照项目 3 素材管理介绍的方法进行转码。转码用时较长，等转码完成后再进行下一步。

（2）浏览筛选素材。

整理好素材后先大致浏览一遍，浏览的目的是通过缩略图基本判断一条素材大概有哪些内

容、关于哪个人物、是什么景别。然后以打标签的方式从景别、人物等维度再次分类。这样做的好处是，后期做复杂的片子，也可以理清素材，不让查找素材干扰思路。

如果拍摄时是根据脚本执行的，也可以按照脚本的镜号顺序浏览整理。

本项目素材是按照脚本执行拍摄的，筛选时可以切换到组件工作区，放大项目面板，在缩略图上移动鼠标，逐一预览，挑选出拍摄可用的一条，然后点击右键选择标签—绿色。挑选完毕，右键，新建搜索素材箱（见图 7-4），在弹出的对话框中选择搜索条件为标签绿色，即可将这些素材集中到同一个素材箱中，方便后续剪辑。

③ 新建序列。

Premiere 剪辑，一般在序列中进行。序列就像是一只装资源的盒子，能用于存放视频、音频、图片等素材，序列里面也可以放序列，一条视频可以由一个序列或多个序列组成。Premiere 依托序列进行剪辑，类似于 PS 的组和 AE 的合成，序列规定了视频的帧大小、帧速率、像素长宽比、色彩空间、声音采样率等关键参数。

点击项目面板左侧的新建项图标，选择新建序列，在弹出的对话框（见图 7-5）中，将帧大小设置为 3840 像素 × 2160 像素，帧速率（时基）为 29.97 帧／秒，像素长宽比为 1.0（方形像素），无场（逐行扫描），色彩空间为 Rec.709。

图 7-4　右键新建搜索素材箱　　　　　　图 7-5　新建序列对话框

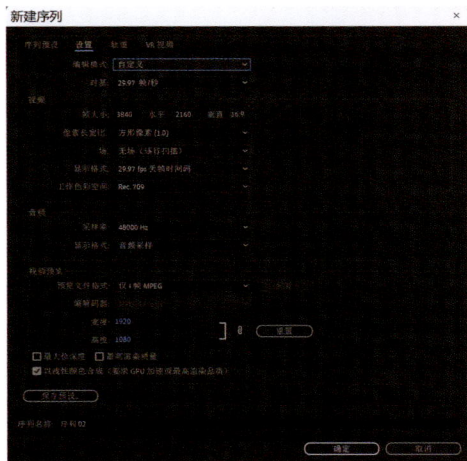

④ 按照脚本，铺排素材到序列上。

切换到编辑工作区，打开搜索素材箱，在左边源窗口区域查看素材，在合适的位置标记入点，合适的位置标记出点，然后插入新建的序列上。按照脚本顺序逐条铺排素材。

其中第 4 镜需要分屏显示，可先放于 V2 轨道，下一步再处理。第 17 镜需要加速，插入素材后点击右键选择速度—持续时间，将速度改为 400%。

对于产品类的片子，最重要的信息一般是产品的性能和卖点，在这个项目中，也就是多功能性、便携性，烤盘烤网可更换等，可以围绕这些产品性能来组接画面。把不同性能的素材挑选出来，比如说多功能性，把适合表现这一点的一组镜头稍微组接一下。在需要的片段开始的地方按 I 键设置入点，在需要的片段结束的地方按 O 键设置出点，然后按住"仅拖动视频"按钮将其拖入时间轴，这样相当于直接取消视频和原有音频的链接，省略删除原有音频的步骤，方便后期配音配乐。如果仍有不想要的部分，可使用剃刀工具割断，然后选中，按 Delete 删除，也可以按

Shift＋Delete 组合键直接删除。

(5) 搜索剪接适用的背景音乐。

参照项目 5 音乐剪接的知识,根据本条产品视频的题材搜索剪接适用的背景音乐。本条产品视频内容为电烤炉的使用过程,包括食材的准备、烹饪、清洗以及最终的享用美食环节,整体氛围轻松愉快,可以使用轻快、活泼等关键词搜索。

推荐 1: *Happy*(Pharrell Williams),流行、轻快。

推荐 2: *Can't Stop the Feeling!*(Justin Timberlake),流行、动感。

推荐 3: *Mr. Blue Sky*(Electric Light Orchestra),摇滚、欢快。

推荐 4: *You Make My Dreams*(Hall & Oates),流行、复古。

推荐 5: *Walking on Sunshine*(Katrina and the Waves),流行、欢快。

仔细倾听选用的背景音乐,根据脚本顺序,参照项目 5 音乐剪接的知识,剪接音乐。

(6) 匹配画面颜色。

画面颜色的匹配,可通过使用 Lumetri 颜色中的颜色匹配功能实现。在时间轴序列中选中要调整的片段,然后在"颜色匹配"选项右侧单击"比较视图"。进入比较视图后,左侧为参考画面,右侧为当前画面,在参考画面下方拖动滑块,将播放头定位到要参考的位置,然后单击"应用匹配"按钮,此时即可匹配参考画面的颜色。调整的结果会在色轮和明亮滑块中看到。

(7) 第一次导出。

根据成片使用场景,选择合适的编码格式和码率输出。如用于网络传输,通常选择 H.264 编码,MP4 封装,目标码率选择 3 Mbps 左右。导出后,可转到剪映,使用自动识别功能添加字幕,并调整字体大小样式。

点击文件—导出,或按快捷键 Ctrl＋M,在弹出的对话框左侧的范围中选择整个序列,在右侧的格式中选择 H.264,点击蓝色的名称,在弹出的对话框中给成片命名,选择保存位置,然后回到右侧,在比特率设置中更改编码方式为 VBR 2 次,目标比特率设置为 3 Mbps,最大比特率设置为 6 Mbps。这是适用于网络传输的数值,如果需要输出为高码率的成片,相应提高目标比特率即可。

(8) 添加智能字幕。

导出成片后,打开剪映,导入成片,添加到时间轴,选择字幕—智能识别,让剪映自动识别对白并在对应时间轴上添加字幕。完成后,打开右侧对话框,设置想要的字体、大小、阴影等参数。然后导出提供给甲方,听取甲方意见。

(9) 粗剪片提供给甲方,根据甲方意见增删画面。

根据甲方反馈删减和增添画面。一是把一些丑的、重复表述的、无关紧要的镜头删掉,尽量做到每个镜头都有用。二是删掉过度堆砌的镜头,就是一件事情能够用 3 个镜头说清楚,就不要用 5 个。三是删掉重复使用的相同镜头。

加镜头方面,一是根据剧情的需要增加过渡镜头,场景转换的段落添加转场。二是根据音乐节奏增加一些镜头,强调节奏感,如高潮部分加几个镜头,使节奏更快。

(10) 调整视频的节奏。

视频有内部节奏和外部节奏。内部节奏主要以情节的发展为基础的人物动作的速度、力度,摄像机运动的速度、方向,音乐、音效、色彩、光影的配合,等等。外部节奏是通过剪辑手段所造成的影片的节奏,包括对时间的感知、视觉的节奏、听觉的节奏、运动的节奏、色彩的节奏、叙事的节奏,等等。

检查视频整体,是否舒缓有度、张弛有力,把没有卡好的节奏卡好,把该放松的地方放松一下。

(11)处理剪辑细节,确保流畅。

处理细节,反复琢磨和修改镜头的逻辑、转场的效果、声音细节的处理、画面的优化等,确保视频的流畅、匹配。

(12)最后优化画面。

最后优化画面包括二次构图、加稳定器、调色、降噪,等等。

第一次构图是前期拍摄的事情,但是由于有很多不稳定的因素,肯定会有瑕疵,后期要尽量去调整和完善。常用的二次构图方法有裁剪、旋转、放大等。裁剪是把周边的一些不必要的东西裁掉,旋转是调整画面的水平,遵守横平竖直的原则,把歪斜的水平线调正。放大是在表达的主体物不明显的情况下,适当放大画面凸显主体物。

加稳定器是把一些没有拍稳但又必须使用的镜头适度恢复稳定,调色是赋予画面适当的色彩风格,降噪是去除噪点,通过算法增强画面质感。这些都要在特效面板完成。

(13)第二次导出,以适当的码率导出交片。

项 目 拓 展

拍摄剪辑产品视频的创意版本

任务实施剪辑的产品视频目的是供电商平台使用,如果不限于电商平台使用,则可以适当增加创意力度。本次任务是尝试拍摄剪辑电烤炉产品视频的创意版本。

1. 脚本构思

可以尝试为电烤炉的广告设计一个对比场景。首先,通过展示一位自诩烧烤大师的人在传统木炭烧烤炉前的无奈,引出电烤炉的便捷和强大功能。接着,通过展示电烤炉的多种烤盘烤网、不同功率设置和轻松清洗的特点,突出其满足各种烹饪需求的优势。最后,强调电烤炉不仅能提升聚会体验,还能让人轻松成为烧烤大师,结合生活场景如看球赛或电影,吸引消费者购买。整体通过对比传统烤炉和电烤炉,突出电烤炉的便捷、多功能和生活化优势。

2. 脚本设计

构思设计脚本,参照任务实施的剪辑步骤,实施剪辑。

以下脚本供参考(见表 7-2)。

表 7-2　电烤炉产品视频脚本设计（创意版）

镜号	画面内容	景别	运镜	旁白	时长 /s	音乐 / 音效
1	一个人拿着两盘烧烤食材走向镜头自我介绍："我是 ×××，一位烧烤大师。"	大景到全景	前推	"让我介绍一下我的朋友，一位自诩烧烤大师的人。"	3.0	轻快的背景音乐
2	××× 面对一个木炭烧烤炉，对起火无从下手	中景	特写，从烧烤炉上移到人物摇头	"现在你可能想知道，他的自信从何而来。"	2.5	轻微的风声和木炭摩擦声
3	××× 换各种方式起火，木炭还是不能点着	中景	定镜 + 运镜	无	3.0	木炭摩擦声、失败的叹息声
4	主角和电烤炉出现画面，主角自信地说："真正有信心来源于你知道总有人支持你。"	中景	后拉	"真正有信心来源于你知道总有人支持你。"	2.0	轻快的背景音乐
5	几个人围住烧烤大师，烧烤大师拿出电烤炉，双手并拢，自信满满	中景	后拉	"×× 电烤炉从来不会让你失望。"	2.5	轻松的背景音乐
6	烧烤大师装上烤盘，扭动温控器	中景	从左往右横移	无	2.0	轻微的机械操作声
7	烧烤大师在不同的烤盘配件上放置食材（分屏展示）	特写	定镜	"多种烤盘烤网，让烧烤不再单一。"	3.0	轻快的背景音乐
8	特写温控器和食材冒出油脂	特写	前移	"功率从 1360 W 到 1800 W，满足你的所有烹饪需求。"	2.0	轻微的油脂滴落声
9	一群人围住电烤炉开心聚会，聊天烧烤	中景	定镜	无	3.5	欢快的聚会音乐、人群交谈声
10	主角分离上下烤架并清洗	大景到中景到特写	从左往右横移旋转	"上下烤架轻松分离，清洗不再烦琐。"	3.0	轻微的水流声
11	一群人面对大屏幕在观看球赛或电影，主角从聚会当中背对镜头，拿着食物转身对镜头说出文案	特写	前移	"艺龙电烤炉，让聚会不再单调。成为一名烧烤大师比你想象中容易。"	4.0	轻松的背景音乐

检查评价

检查测试题

单选题

多选题

判断题

简答题：

1. 举例说明如何通过 SCQA 结构设计电烤炉产品视频的脚本。

2. 在剪辑过程中，如何通过动态拍摄和后期技术提升视频的节奏感？列举至少三种方法并说明原理。

参考答案

学生评价和教师评价

学生自评表

序号	学习目标达成自评	佐证	达标	未达标
1	能够准确描述产品视频的核心特点（直观性、场景化、动态展示）	成片中通过多角度镜头和场景化呈现体现直观性特征		
2	能够解释 SCQA（情境、冲突、问题、回答）结构在产品视频中的应用逻辑	成片叙事符合 SCQA 框架（如先展示场景痛点，再突出产品解决方案）		
3	能够掌握动态拍摄手法（环绕运镜、扫光、旋转台）的原理及适用场景	成片包含至少 2 种动态展现手法		
4	能够描述产品视频中音效与音乐的适配原则（节奏匹配、情感烘托）	成片背景音乐与画面切换节奏同步		
5	能够根据产品特性设计 SCQA 结构脚本，突出核心卖点（如多功能性、便携性）	成片内容与脚本逻辑高度一致		
6	能够运用动态拍摄（扫光、旋转台）和后期技术（分屏剪辑、特效动画）展示产品细节	成片包含扫光或旋转台拍摄镜头		
7	能够使用 Premiere 完成全流程剪辑（序列参数设置、颜色匹配、素材转码）	成片导出参数符合 H.264 编码规范		
8	能够根据甲方反馈调整视频节奏（增删镜头、优化转场），平衡商业需求与创意表达	提交至少 2 版修改稿（附甲方意见）；最终成片符合电商平台推广需求（如突出产品卖点）		
9	能够通过光影对比、二次构图、降噪等技术优化画面质感	成片画面无明显噪点或水平线歪斜		

续表

序号	学习目标达成自评	佐证	达标	未达标
10	能够通过创意版本脚本设计（对比场景、生活化叙事）增强视频吸引力	剪辑完成创意版产品视频		

说明：

1. 达标：如果能够完成佐证中的任务，说明该学习目标已达成，打"√"。
2. 未达标：如果无法完成佐证中的任务，说明该学习目标未达成，打"×"。

教师评价表

序号	学习目标达成评价	佐证	达标	未达标
1	能够准确描述产品视频的核心特点（直观性、场景化、动态展示）	成片中通过多角度镜头和场景化呈现体现直观性特征		
2	能够解释SCQA（情境、冲突、问题、回答）结构在产品视频中的应用逻辑	成片叙事符合SCQA框架（如先展示场景痛点，再突出产品解决方案）		
3	能够掌握动态拍摄手法（环绕运镜、扫光、旋转台）的原理及适用场景	成片包含至少2种动态展现手法		
4	能够描述产品视频中音效与音乐的适配原则（节奏匹配、情感烘托）	成片背景音乐与画面切换节奏同步		
5	能够根据产品特性设计SCQA结构脚本，突出核心卖点（如多功能性、便携性）	成片内容与脚本逻辑高度一致		
6	能够运用动态拍摄（扫光、旋转台）和后期技术（分屏剪辑、特效动画）展示产品细节	成片包含扫光或旋转台拍摄镜头		
7	能够使用Premiere完成全流程剪辑（序列参数设置、颜色匹配、素材转码）	成片导出参数符合H.264编码规范		
8	能够根据甲方反馈调整视频节奏（增删镜头、优化转场），平衡商业需求与创意表达	提交至少2版修改稿（附甲方意见）；最终成片符合电商平台推广需求（如突出产品卖点）		
9	能够通过光影对比、二次构图、降噪等技术优化画面质感	成片画面无明显噪点或水平线歪斜		
10	能够通过创意版本脚本设计（对比场景、生活化叙事）增强视频吸引力	剪辑完成创意版产品视频		

说明：

1. 达标：如果能够完成佐证中的任务，说明该学习目标已达成，打"√"。
2. 未达标：如果无法完成佐证中的任务，说明该学习目标未达成，打"×"。

S

项目 8

活动短片剪辑

素质目标	1.培养学生对优秀传统文化和非遗文化的尊重与传承意识，通过香云纱的推广活动，增强文化自信。 2.提升学生对活动短片制作全流程的团队协作能力，理解策划、拍摄、剪辑等环节的协同工作模式。 3.鼓励学生在活动短片剪辑实践中发挥创造性思维，探索个性化的剪辑风格，培养创新意识和审美能力。
知识目标	1.掌握活动短片的基本概念与特点。 2.理解活动短片的结构安排，如环境展示、人群表现、高潮捕捉、观众反馈、海报呈现等模块的作用与设计要点。 3.了解镜头语言在活动短片中的应用，包括构图、景别、角度、运镜方式等核心要素。 4.掌握音乐与音效在活动短片中的作用，包括主题音乐的选择、情感音效的运用、节奏配合以及品牌声音标识的融入。 5.了解香云纱的历史、制作工艺及其文化内涵,掌握如何通过活动短片展示非遗文化的独特魅力。
能力目标	1.能够根据活动短片的主题和用途，设计合理的脚本和拍摄方案，完成从策划到制作的全流程。 2.能够运用镜头语言和剪辑技巧，完成活动短片的开篇设计，快速吸引观众注意力。 3.能够通过人群表现和观众反馈镜头，营造活动氛围，增强情感共鸣。 4.能够捕捉活动的高潮瞬间，通过剪辑手法突出关键时刻，增强短片的传播力。 5.能够结合活动主题，选择合适的音乐与音效，营造氛围并增强短片的感染力。

课程内容思维导图

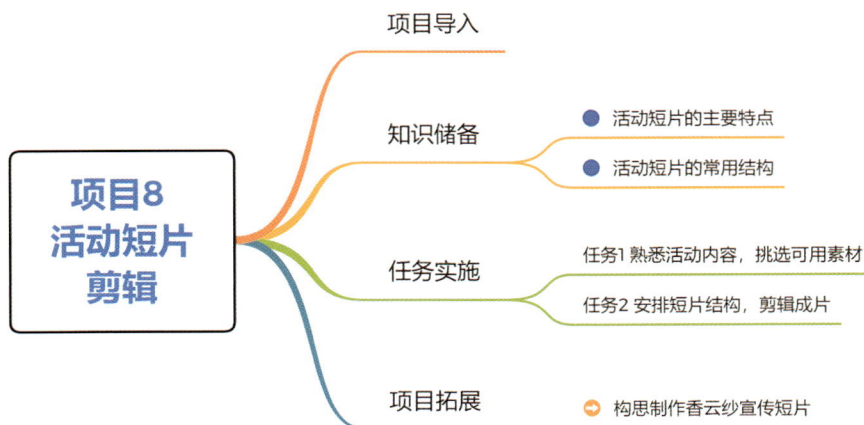

项目8
活动短片剪辑

- 项目导入
- 知识储备
  - 活动短片的主要特点
  - 活动短片的常用结构
- 任务实施
  - 任务1 熟悉活动内容，挑选可用素材
  - 任务2 安排短片结构，剪辑成片
- 项目拓展
  - 构思制作香云纱宣传短片

项目导入

　　粤湾云谷品牌专员苏晓在复盘端午非遗活动传播数据时,发现传统纪录片式活动视频完播率不足 15%,而竞品"快剪混剪"形式的短片在抖音单条播放量突破 200 万。非遗项目负责人在紧急策划会上拍板:"短视频传播已进入'视听语言重构'时代,观众需要高密度的情绪冲击而非流程记录。我们必须在一周内完成 3 条香云纱主题快剪视频,用于非遗文化节开幕预热。"本项目将通过真实的文化传播案例"香云纱非遗主题快剪",带大家掌握三项核心能力——信息重构、节奏控制、风格适配,下面一起开启这场视听重构之旅吧!

知 识 储 备

一、活动短片的主要特点

　　活动短片是品牌营销、事件传播的重要载体。优秀的活动短片不是简单的影像记录,而是一场视听语言的精心编排,一次时间与空间的精妙重构。通过系统的结构化设计,活动短片不仅能记录事件本身,更能构建具有传播力的视觉符号体系,在有限的时间内实现信息传递、情感共鸣、品牌植入等目标。

　　活动短片的第一个特点是短。活动短片时间一般不长,一般在几分钟内,旨在快速传递核心信息。有 1 分钟快剪,也有 30 秒甚至 15 秒的,当然也有稍长一点的。剪辑时,以 1 分钟为例,经常采用开场 15 秒吸引 + 中间 30 秒叙述 + 结尾 15 秒升华的黄金分割节奏,每 5 秒设置一个记忆点的强信息密度手法,内容聚焦于活动主题、时间、地点、参与方式等关键要素,避免冗长铺垫,确保观众在短时间内抓住重点。

　　活动短片的第二个特点是快。活动短片节奏紧凑,通过快速切换镜头、动态转场和音效配合,营造出强烈的节奏感,通过高质量的画面、色彩搭配和创意构图吸引观众注意力,极力避免观众注意力流失。在此基础上,结合活动呈现、故事叙述、背景音乐或情感化表达,激发观众的情感共鸣,增强参与感和记忆点。

微课视频 8-1
活动短片的主要特点

　　活动短片的第三个特点是要充分传递活动的主题和风格。活动短片的设计风格、色调、字体等元素要与活动主题相符,品牌形象要与主办方保持一致,清晰传达活动目的,强化品牌认知。

二、活动短片的常用结构

　　活动短片的常用结构如图 8-1 所示。

图 8-1　活动短片结构示意图

1. 环境展示：构筑沉浸体验的场景空间

环境展示是活动短片的视觉导语，承担着奠定基调的重要使命。通常会采用以下拍摄和剪辑手法。

（1）使用无人机航拍展现场地全貌的空镜头，配合升降摇臂拍摄建筑外观，建立空间坐标系。

（2）根据活动主题选择色温，如庆典选用暖光，科技类活动选用冷光，利用追光灯突出主视觉装置。

（3）聚焦签到台、导视系统、定制物料等设计元素，暗示活动品质。

（4）通过推拉镜头模拟参与者入场动线，或采用移轴摄影制造微缩景观效果。

2. 人群表现：营造共同参与的从众氛围

人群表现是活动短片的核心生命力，是否人多热闹也经常被用于评判活动是否成功。通常会采用以下拍摄剪辑手法。

（1）俯拍人群矩阵，无人机环绕拍摄活动全景，持稳定器跟拍人流移动，拍摄并剪入重要人物、嘉宾的面部表情特写、手持道具细节。

（2）收录并剪入现场的交谈声、脚步声、设备运转声以及人群的鼓掌声、欢呼声等。

（3）使用蒙太奇剪辑手法，通过个体特写与群体广角交替呈现对比剪辑，通过升格镜头（慢动作）突显关键动作，降格镜头（快动作）表现时间流逝等。

3. 高潮捕捉：定格关键瞬间的爆炸威力

活动的高潮时刻决定短片的传播爆发力，也是活动短片最为人关注的片段。通常会采用以下拍摄剪辑手法。

（1）营造悬念，如倒计时环节，多角度镜头组接控制台特写、观众表情、大屏幕数字，从局部到整体，从静默到爆发渐进式剪辑。

（2）渲染爆点，如配合提词器节奏设计镜头推进，演绎演讲的高潮时刻，交叉剪辑获奖者表情与观众的反应。

4. 观众反馈：触发情感共振的涟漪效应

观众反应镜头是增强代入感的秘密武器，是活动形成闭环的必备环节。通常会采用以下拍摄剪辑手法。

（1）在前排 VIP 区、媒体区、普通观众区等重要地点提前等候，蹲拍观众反应画面。

（2）剪辑时分段剪入观众反应，从专注聆听到会心微笑再到热烈鼓掌，渐进式反应；或者对比式剪入观众反应，如老者拭泪与青年欢呼的对比呈现，将环境音与人声按 3∶7 比例混合。

5. 海报呈现：强化品牌记忆的视觉锚点

结尾设计需要达成"过目不忘"的效果，通常会采用以下拍摄剪辑手法。

（1）尽可能动态化，如使用粒子特效，三维粒子汇聚成 LOGO，关键数据如参与人数、成交金额进行可视化浮动。

②有意识地进行信息分层,主视觉层品牌slogan停留3秒,辅助信息层时间、地点停留1.5秒,行动号召层联系方式停留1.5秒。

③使用音效配合,使用品牌声音标识渐入、低频振动等音效增强活动短片记忆点。

任 务 实 施

一、任务 1:熟悉活动内容,挑选可用素材

本次活动主题为香云纱(见图8-2)的分享推广,剪辑这个活动短片,首先要了解熟悉香云纱的相关内容,以下内容供参考。然后再根据拍摄情况挑选可用素材,剪辑成片。

香云纱又称莨绸,是一种用薯莨汁液[1]浸染桑蚕丝织物,再用河泥覆盖、日晒加工而成的特色纱绸制品。它的历史可追溯至明代,最初在广东顺德地区诞生。这种面料质地坚韧,触感凉爽,具有独特的褐色光泽,制作工艺堪称大自然与人

图 8-2　香云纱

类智慧的结晶。香云纱的制作依赖于自然条件,尤其是阳光和泥土。整个制作过程包括多个步骤,每一步都离不开自然的馈赠。

首先,制作香云纱的原材料是桑蚕丝织成的白坯布,这种布料本身质地柔软、细腻。制作时工匠们将白坯布浸泡在含有天然植物汁液的溶液中,这种溶液通常由薯莨等植物提取而成,赋予了香云纱独特的色泽和质地。

其次,浸泡后的布料需要在阳光下晾晒,这是香云纱制作过程中最为关键的一步。阳光的温度和强度直接影响布料的氧化和固化过程。在晾晒过程中,布料会逐渐吸收阳光的能量,发生化学反应,从而形成香云纱特有的深褐色光泽。由于每次晾晒时的温度、湿度和光照条件都不尽相同,每一块香云纱的色泽和质地都会略有差异,这也是香云纱独一无二的魅力所在。

最后,晾晒完成后,布料还需要经过泥土的加工。工匠们将布料平铺在河泥上,让泥土中的矿物质与布料中的植物汁液发生反应。这一过程不仅进一步增强了香云纱的色泽,还赋予了它独特的质感和韧性。经过泥土加工后的香云纱,质地更加厚实,手感更加柔软,同时具有天然的抗菌和除螨功能。

香云纱亲肤且不易产生褶皱,柔软且富有韧性,耐脏耐磨,易洗快干,天然除螨,这些特性使得它

---

[1] 薯莨是一种草本植物,地下长有块茎。块茎外皮为黑褐色,内部棕红色。薯莨汁液是从薯莨的块茎中提取的红色液体。

对于现代生活中追求健康和舒适的人们来说具有极大的吸引力。

二、任务 2：安排短片结构，剪辑成片

（1）本次活动短片的主题是香云纱服饰的分享与推广，推广这一传统面料的独特魅力及其与书法艺术的融合应用，通过剪辑展示香云纱服饰的独特魅力，吸引更多人关注这一传统非遗文化。整体色调可使用自然暖色，以方便突出香云纱的褐色光泽和自然质感。

（2）选择背景音乐。查看素材可以听到，活动现场使用了刀郎的《花妖》，特质是吻合的，但考虑版权问题，根据香云纱的文化内涵和传统工艺，可以另行选择一首带有东方韵味的、舒缓优雅的轻音乐，如古筝、二胡等乐器演奏的曲目，或者具有文化底蕴、节奏舒缓且带有现代感的音乐，营造出宁静而优雅的氛围，突出香云纱的古典与现代融合的特质。

（3）非遗题材短片，要吸引受众，开头需要迅速亮出香云纱的核心元素。查看现场拍摄的素材，可以考虑使用香云纱服饰的展示镜头，展示香云纱的独特纹理和光泽，突出其龟裂纹理和深褐色光泽。用慢镜头展示香云纱的柔软质感，传递其凉爽宜人、不易产生褶皱的特性。

（4）在音乐的第一个节奏点，快速切换到香云纱的特写镜头，展示其细腻的质感。根据素材，使用慢镜头，引导观众感受香云纱的独特魅力，通过变速营造节奏感。

（5）中间部分，再回头剪入嘉宾分享的过程以及观众的反应镜头，保留现场背景声音，适当降噪，控制好背景音乐的音量，同时适当配一些轻微的环境音效，如工匠劳作的声音、风吹过的声音，增强画面的代入感。

（6）在音乐的高潮部分，展示香云纱制成的成品，即现场模特穿着的旗袍，通过特写镜头展示香云纱的褐色光泽、纹理细节，插入观众反应镜头，再在结尾处展示现场活动信息，强化品牌印象。

（7）最终完整观看一遍视频，从头到尾检查视频的连贯性、节奏和信息传达是否清晰。无误后选择合适的码率和格式导出，建议目标码率控制在 2～3 Mbps，MP4 格式。

项 目 拓 展

构思制作香云纱宣传短片

利用本项目中熟悉的内容，构思制作一条关于香云纱的宣传短片，为下一项目的学习奠定基础。

以下脚本供参考借鉴（见表 8-1）。

表 8-1　参考脚本

镜号	画面内容	景别	运镜	旁白	时长 /s	音乐 / 音效
1	书法家书写毛笔字，墨迹晕染在香云纱上	大特写	推进 + 焦点转换	"丝绸文明中的活化石。"	2.0	古韵音乐起
2	清晨桑田全景：薄雾中桑叶上的露珠折射出七彩光斑	大全景	航拍横移	无旁白	2.5	鸟鸣声
3	蚕虫啃食桑叶，叶片形成半月形缺口（微距高速摄影）	微距特写	固定	"精选头茬桑叶，喂养出最优质的蚕丝。"	1.5	蚕食沙沙声
4	老匠人用竹筛筛选蚕茧，茧壳在光线下呈现半透明琥珀色	中景	环绕	无旁白	2.0	茧壳碰撞声
5	特写缫丝工序：银丝从沸水中抽出缠绕竹轮	特写	跟拍丝线运动	"三更煮茧，五更缫丝。"	2.8	水沸声 + 丝线绷紧声
6	织布机特写：梭子高速穿梭形成残影，经纬线精确交织	大特写	推进	"每平方厘米 48 次经纬交织，造就挺括白坯。"	3.0	织布机咔嗒声
7	特写薯莨根茎被石锤捣碎，紫红色汁液飞溅	特写	高速升格	"野生薯莨的汁液，天然染色秘方。"	1.2	捣击闷响
8	低角度：染工赤脚踩踏布料，染液在布纹间形成漩涡	低角度	左右横移	无旁白	2.5	踩踏水花声
9	特写竹筛过滤薯莨渣滓，汁液形成瀑布流入染缸	特写	俯拍旋转	无旁白	1.8	液体倾注声
10	微距镜头：薯莨汁渗入蚕丝纤维，白坯逐渐变为橙红色	微距	贴液面推进	"九浸九晒，色素深度渗透。"	2.2	气泡破裂声
11	全景：黎明晾晒场，工匠抖动布匹展开 20 米长卷	大全景	航拍俯冲	无旁白	3.0	布匹破空声
12	特写晨光穿透布面，纤维氧化变色过程（延时摄影）	微距特写	固定	"阳光与空气的魔法。"	2.5	氧化电子音效
13	老匠人用铜勺舀取西江淤泥，泥浆呈现金属光泽	中景	跟拍铜勺运动	"珠三角特有河泥，富含铁离子。"	2.0	泥浆黏稠声
14	特写马尾刷将泥浆拍打上布面，泥点飞溅形成弧线（高速摄影）	大特写	升格拍摄	无旁白	1.5	拍打闷响

镜号	画面内容	景别	运镜	旁白	时长 /s	音乐 / 音效
15	微距：泥浆与薯莨汁反应产生白色泡沫，布面渐现亚光质感	微距	推进	"阴阳调和，刚柔并济。"	2.0	化学反应嘶嘶声
16	低角度：工匠在溪流中漂洗布料，水流冲走浮泥现出金属纹理	低角度	顺水流横移	无旁白	2.5	溪流冲刷声
17	特写成品布：手指划过表面，呈现水珠滚落效果	特写	跟随手指移动	"三洗九蒸十八晒，成就防水透气特性。"	2.2	水珠滴落声
18	对比镜头：左半明代香云纱官服，右半现代高定礼服（分屏推进）	中景	分屏推进	"六百年技艺传承。"	3.5	古今音乐交融
19	模特特写：香云纱旗袍随风飘动，逆光呈现纱孔星芒效果	近景	360° 环绕	无旁白	2.8	衣料摩擦声
20	微距：布面放大100倍，呈现蜂巢状透气结构	显微镜头	固定	"天然空调纤维。"	1.5	电子显微镜音效
21	全景：晾晒场布匹组成太极图案，无人机垂直拉升展现全貌	超全景	垂直拉升	无旁白	3.0	风声呼啸
22	特写匠人手掌纹路，与布面纹理叠化	特写	叠化转场	"掌心的温度，织就时光的厚度。"	2.5	心跳声
23	高速镜头：水滴从布面弹起，慢动作展现"过泥不沾"的特性	大特写	升格 120 fps	无旁白	1.8	水滴撞击声
24	落版 LOGO	特写	焦点后移	"传统技艺，当代新生。"	2.0	古韵音乐高潮到尾奏

检查评价

检查测试题

单选题

多选题

判断题

简答题：

1. 请结合香云纱的文化内涵，设计一个活动短片的开篇结构（包括镜头内容、运镜方式、音效）。

2. 简述如何通过剪辑手法在活动短片中突出香云纱的"传统技艺，当代新生"主题。

参考答案

学生评价和教师评价

学生自评表

序号	学习目标达成自评	佐证	达标	未达标
1	能够描述活动短片的基本概念与特点	书面回答或口头描述相关内容，成片中体现充分理解活动短片特点		
2	能够解释活动短片的结构安排，包括环境展示、人群表现、高潮捕捉、观众反馈、海报呈现等模块的作用与设计要点	成片结构合理		
3	能够识别镜头语言在活动短片中的应用，包括构图、景别、角度、运镜方式等核心要素	成片镜头剪接流畅，节奏恰当		
4	能够说明音乐与音效在活动短片中的作用，包括主题音乐的选择、情感音效的运用、节奏配合以及品牌声音标识的融入	成片背景音乐选用恰当		
5	能够描述香云纱的历史、制作工艺及其文化内涵，并掌握如何通过活动短片展示非遗文化的独特魅力	成片对活动内容理解到位		
6	能够运用镜头语言和剪辑技巧，完成活动短片的开篇设计，快速吸引观众注意力	成片段落组接合理		
7	能够通过人群表现和观众反馈镜头，营造活动氛围，增强情感共鸣	成片音画组接合理		
8	能够捕捉活动的高潮瞬间，通过剪辑手法突出关键时刻，增强短片的传播力	成片中高潮渲染到位		
9	能够在活动短片剪辑实践中发挥创造性思维，探索个性化的剪辑风格	成片有一定的创意		
10	能够通过香云纱推广活动，增强对优秀传统文化和非遗文化的尊重与传承意识，提升文化自信	成片有较好的传播力		

说明：

1. 达标：如果能够完成佐证中的任务，说明该学习目标已达成，打"√"。

2. 未达标：如果无法完成佐证中的任务，说明该学习目标未达成，打"×"。

教师评价表

序号	学习目标达成评价	佐证	达标	未达标
1	能够描述活动短片的基本概念与特点	书面回答或口头描述相关内容，成片中体现充分理解活动短片特点		
2	能够解释活动短片的结构安排，包括环境展示、人群表现、高潮捕捉、观众反馈、海报呈现等模块的作用与设计要点	成片结构合理		
3	能够识别镜头语言在活动短片中的应用，包括构图、景别、角度、运镜方式等核心要素	成片镜头剪接流畅，节奏恰当		
4	能够说明音乐与音效在活动短片中的作用，包括主题音乐的选择、情感音效的运用、节奏配合以及品牌声音标识的融入	成片背景音乐选用恰当		
5	能够描述香云纱的历史、制作工艺及其文化内涵，并掌握如何通过活动短片展示非遗文化的独特魅力	成片对活动内容理解到位		
6	能够运用镜头语言和剪辑技巧，完成活动短片的开篇设计，快速吸引观众注意力	成片段落组接合理		
7	能够通过人群表现和观众反馈镜头，营造活动氛围，增强情感共鸣	成片音画组接合理		
8	能够捕捉活动的高潮瞬间，通过剪辑手法突出关键时刻，增强短片的传播力	成片中高潮渲染到位		
9	能够在活动短片剪辑实践中发挥创造性思维，探索个性化的剪辑风格	成片有一定的创意		
10	能够通过香云纱推广活动，增强对优秀传统文化和非遗文化的尊重与传承意识，提升文化自信	成片有较好的传播力		

说明：

1. 达标：如果能够完成佐证中的任务，说明该学习目标已达成，打"√"。

2. 未达标：如果无法完成佐证中的任务，说明该学习目标未达成，打"×"。

Shipin Duanpian Jianji Huoye Jiaocheng

项目 9

宣传短片剪辑

学习目标

素质目标	1. 通过学习宣传短片的制作流程，培养学生的团队协作能力和沟通能力，理解策划、拍摄和后期剪辑各环节的协同工作模式。 2. 提升学生对影视作品视觉和听觉元素的感知能力，通过分析优秀宣传短片，提高对影视艺术的鉴赏水平。 3. 鼓励学生在宣传短片剪辑实践中发挥创造性思维，探索个性化的剪辑风格，培养创新意识和审美能力。 4. 通过分析宣传短片中情感表达和品牌价值传递的案例，引导学生感受情感共鸣与品牌文化的力量，树立正确的价值观，培养良好的职业素养。
知识目标	1. 掌握宣传短片的基本概念、特点及制作流程，包括策划、拍摄和后期剪辑等环节。 2. 理解宣传短片的结构安排，如开篇吸睛、品牌植入、情节展开、高潮迭起、结尾呼应等模块的作用与设计要点。 3. 了解音乐与音效在宣传短片中的作用，包括主题音乐的选择、情感音效的运用、节奏配合以及品牌声音标识的融入。 4. 掌握剪辑节奏的调整方法，如通过镜头长短、快慢结合以及音乐匹配、张弛交替等方式优化叙事节奏。
能力目标	1. 能够根据宣传短片的主题和用途，设计合理的脚本和拍摄方案，完成从策划到制作的全流程。 2. 能够运用镜头语言和剪辑技巧，完成宣传短片的开篇设计，快速吸引观众注意力。 3. 能够巧妙地将品牌元素融入宣传短片中，通过场景设计、故事驱动、视觉强化等方式实现自然的品牌植入。 4. 能够通过情节设计和剪辑手法，构建引人入胜的故事线，设置冲突、塑造角色、增加情感转折，增强观众的共鸣。 5. 能够运用剪辑软件调整局部速度，实现渐入渐出效果，优化画面节奏和情感表达。

课程内容思维导图

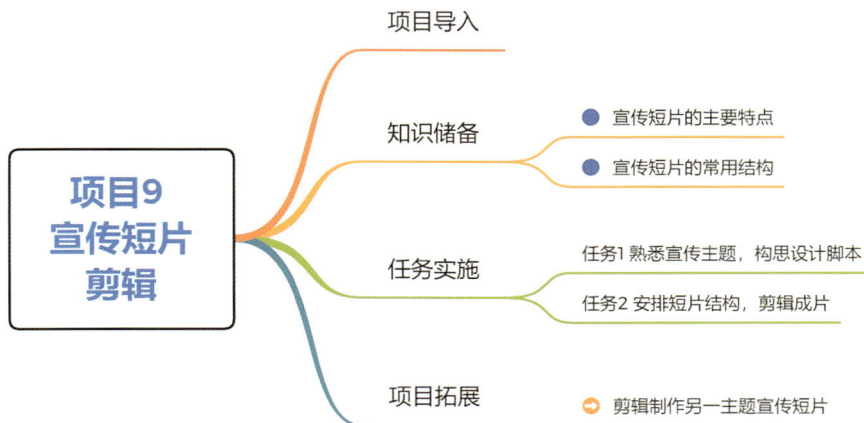

项目导入

知识储备
- 宣传短片的主要特点
- 宣传短片的常用结构

项目9 宣传短片剪辑

任务实施
- 任务1 熟悉宣传主题，构思设计脚本
- 任务2 安排短片结构，剪辑成片

项目拓展
- 剪辑制作另一主题宣传短片

项目导入

铭升实业品牌专员楚航发现企业官网宣传片的传播效果很不理想,而竞品"分层传播策略"制作的宣传短片引流转化率暴涨150%。品牌总监在战略会上敲着数据屏强调:"宣传片赛道已进入'策略化传播'时代,受众需要精准适配的内容而非通用物料。我们需要在两周内完成铭升实业品牌片的跨平台改编,用于全球展会和多渠道投放。"本项目将通过真实的商业案例"铭升实业品牌升维传播",带大家掌握三项核心能力——定位分层、视听共鸣、结构化叙事,下面一起开启这场策略传播之旅吧!

知 识 储 备

一、宣传短片的主要特点

宣传短片是传递信息、塑造品牌形象、推广产品或服务的重要工具。它通过精心设计的影像和声音,能够在短时间内吸引观众的注意力,激发兴趣,传递核心价值,并引导观众采取行动。优秀的宣传短片不仅是视觉和听觉的享受,更是情感和思想的传递者。在信息碎片化与媒介多元化的时代,宣传短片已从单一的信息传播工具演变为融合视听艺术、情感营销与技术创新的综合性传播载体。其核心价值在于通过精准的策略设计与创意表达,在有限时间内实现品牌形象塑造、用户认知深化及市场转化目标。宣传短片有以下特点。

1. 精准定位与分层传播

宣传短片的创作始于对受众和目标的精准定位。根据企业规模、行业属性及传播诉求,宣传短片可分为企业形象片、产品推广片、文化纪录片、会议纪实片等类型。例如,初创企业需通过"匠心故事"强化差异化定位,而跨国集团则侧重全球化布局的视觉呈现。制作团队需平衡客户理想与客观条件,避免盲目追求"国际化"风格导致的违和感。例如,中小型企业可通过聚焦"垂直领域技术突破"或"用户口碑案例",以小见大,展现品牌价值。

拍摄剪辑宣传短片,要针对不同受众群体调整侧重内容。B端客户关注技术实力与服务体系,C端用户更容易被情感化叙事打动,而国际传播则需弱化语言依赖,强化视觉符号的跨文化共鸣。

前期沟通时,客户往往不清楚自己需要哪种类型的宣传短片,因此需要在沟通中明确客户需求。例如,客户可能被大企业的集团宣传短片所吸引,但自身企业规模并不适合制作此类宣传短片。此时,需要根据企业的实际情况引导客户选择合适的类型。

2. 视听语言与情感共鸣相互结合

宣传短片与电影一样,可以通过高质量的视听语言(如画面、音乐、旁白等)来吸引观众,并通过情感共鸣来增强宣传效果。优秀的宣传短片不仅传递信息,还能通过故事、场景或情感表达,引发观众的共鸣,从而提升品牌的亲和力和可信度。极端的例子,如国际宣传短片,更适合通过纯视听语言来传达感觉,因为这种形式可以跨越语言障碍,直接触动观众的情感,而不是依赖复杂的文案旁白。此外,宣传短片还可以通过视听语言营造出一种氛围,让观众感受到企业的实力和愿景。

3. 结构化叙事与跨平台适配

宣传短片需兼顾信息传递效率与多场景传播需求,因此通常采用金字塔结构和多版本策略。开篇以悬念或震撼画面吸引注意力,中段分层展示核心信息(数据、案例、专家背书),结尾强化行动号召(如扫码链接、官网导流)。例如,医疗企业宣传短片以患者康复案例开篇,中段解析技术原理,结尾呼吁预约咨询。

主片(3～5 分钟)用于官网和展会播放;竖版短视频(30 秒)适配抖音等社交平台;15 秒 Teaser 用于信息流广告投放。奢侈品品牌常为同一产品制作"艺术短片"与"功能快剪"双版本,覆盖不同场景用户。

4. 品牌价值升维与文化融合

宣传短片不仅是产品与服务的展示载体,更是品牌价值观的传播媒介。其通过文化赋能与理念输出,实现从功能营销到精神共鸣的升维。

例如,新能源企业通过"碳中和"主题宣传短片,传递可持续发展理念。科技公司以"未来城市"概念片展示技术对人类生活的革新愿景,从而将企业使命与社会价值绑定。茶饮品牌结合传统茶道工艺与现代快节奏生活,在宣传短片中塑造"东方美学与年轻态"并存的品牌形象。国际宣传片通过视觉符号(如地标建筑、多元人种)弱化文化隔阂,同时保留本土特色元素。例如,华为海外宣传片既展示全球合作实验室,也突出中国书法等文化符号。

宣传短片的上述特点共同构成其作为现代传播利器的核心竞争力。随着媒介生态与技术环境的持续演进,宣传短片将深度融合艺术表达与商业逻辑,在品牌与用户之间搭建高效沟通的桥梁。

微课视频 9-1
宣传短片的主要特点

二、宣传短片的常用结构

宣传短片通常以开篇造势吸引注意力,通过深化问题引发期待,随后逐步展示企业的硬实力、研发能力、产品能力、销售网络等,建立企业权威形象。同时,通过社会责任的履行展示企业的社会价值,增强观众认同感。结尾呼应开篇,强化企业使命和价值观,留下深刻印象(见图 9-1)。这种结构逻辑清晰、层次分明,能够有效传递企业信息,同时通过情感共鸣和视觉冲击力,增强观众的参与感和认同感。

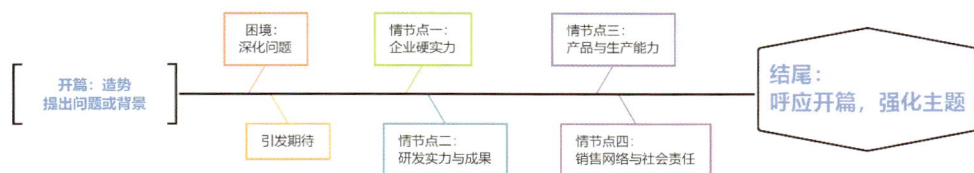

图 9-1　宣传短片常用结构

1. 开篇(10 秒左右):造势,提出问题或背景

宣传短片通常以宏大场景(如本项目开篇,一艘豪华游艇在波光粼粼的海面上航行,见图

9-2)或引人深思的社会问题开篇,吸引观众注意力。例如,展示全球地图、地球环境问题或行业现状,寓意企业的使命或影响力。这一部分的作用是为宣传短片设定背景,制造悬念,引发观众兴趣,为后续内容做铺垫。

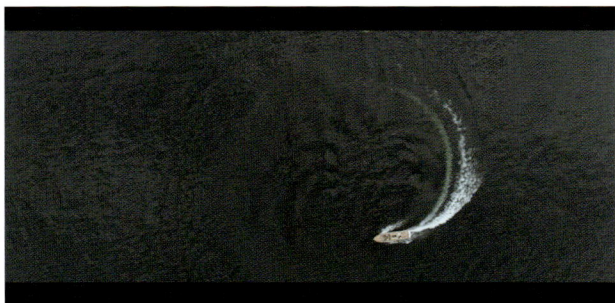

图 9-2　宣传短片开篇的宏大场景

2. 困境(20 秒左右):深化问题,引发期待

在开篇的基础上,进一步阐述问题或挑战的严重性和紧迫性。通过数据、案例或画面展示问题的严峻性,让观众感受到问题的现实影响。这一部分的作用是增强观众对企业解决方案的期待。例如,展示当前行业面临的困境,如疾病治疗难题、技术落后或资源浪费等。

3. 情节点一:企业硬实力

接下来,宣传短片会展示企业的外在实力,如企业规模、历史、行业地位、基础设施等。通过企业大楼、生产线、员工规模等画面呈现,建立观众对企业的信任感,奠定企业权威形象。例如,展示企业总部、全球分支机构、先进的生产设备等。

4. 情节点二:研发实力与成果

这一部分重点介绍企业的研发团队、技术实力、创新成果以及专利技术等。通过实验室场景、科研人员工作画面、技术突破案例等呈现,突出企业的核心竞争力,强调其在行业中的技术领先地位。例如,展示研发实验室、科研人员讨论画面、专利证书、技术应用场景等。

5. 情节点三:产品与生产能力

宣传片会详细介绍企业的核心产品、生产工艺、质量控制流程以及生产能力。通过产品生产线、质量检测流程、产品应用案例等画面展示,让观众感受到企业的专业性、技术实力和产品质量,增强信任感。例如,展示产品从设计到生产的全流程,突出产品的独特性和高品质。

6. 情节点四:销售网络与社会责任

这一部分展示企业的销售网络、市场覆盖范围以及履行的社会责任。通过全球销售地图、客户案例、公益活动、员工关怀等画面呈现,塑造企业的社会形象,展现其市场影响力和责任担当,提升观众认同感。例如,展示企业在全球的销售网络、参与的公益活动、员工福利等。

7. 结尾:呼应开篇,强化主题

最后,宣传短片会总结核心内容,呼应开篇提出的背景或问题,强调企业的使命、愿景和价值观。通过画面回到开篇场景,展示企业如何解决问题或实现使命,强化观众对企业的印象,提升品牌认同感。例如,回到开篇的地球或社会问题场景,展示企业通过技术、产品或服务如何改变现状,实现使命。

任 务 实 施

一、任务 1：熟悉宣传主题，构思设计脚本

1. 脚本构思

本次宣传短片的主题为"铭升实业"品牌的宣传推广，制作这个宣传短片，首先要构思设计一个脚本，根据商家的需求，经充分沟通后敲定旁白内容，然后安排拍摄制作。

宣传短片的核心主题是展示"铭升实业"作为一家专注于船舶、游艇、游轮、码头行业不锈钢零件制造的企业，其专业性、创新性、国际化视野以及以人为本的企业文化。通过突出企业的核心优势和价值观，吸引潜在客户和合作伙伴，同时增强员工的归属感和自豪感。

开头可以以一艘豪华游艇在海面上航行的画面开场，进而逐步引导观众将注意力聚焦于游艇的不锈钢零件，直接引出企业的核心业务——船舶五金配件的研发与生产。这种开场方式可以抓住观众的注意力，又巧妙地引出企业的专业领域，为后续内容奠定基础。

中间部分通过多个场景的切换，全面展示企业的实力和优势。展示工厂外观和车间内部，强调企业的规模和跨国经营能力。通过实验室和车间的镜头，突出企业的研发实力和严格的质量控制体系。通过员工工作和参加文娱活动的画面，展示企业以人为本的文化，增强观众对企业价值观的认同感。

结尾部分通过员工在文娱活动现场的画面，以及企业领导的镜头，强调企业的使命和价值观："为企业创造业绩，为员工创造幸福，让客户获得成功"。最后以企业标志的定格画面结束，强化品牌记忆。

整体使用正式、专业的风格，简洁、专业的旁白语言，明亮、清新的色调，突出企业的活力和产品的高品质，以适合企业宣传、产品推广。

2. 脚本设计

根据上述构思，设计脚本，以下脚本供剪辑时参考使用（见表 9-1）。

表 9-1　铭升实业宣传短片脚本设计参考

镜号	画面内容	景别	运镜	旁白	时长 /s	音乐 / 音效
1	一艘豪华游艇在波光粼粼的海面上航行	远景	航拍俯视	无	4.0	海浪声、舒缓的背景音乐

续表

镜号	画面内容	景别	运镜	旁白	时长 /s	音乐 / 音效
2	停泊众多游艇的港湾	全景	航拍俯视	片名出	2.0	海浪声、舒缓的背景音乐
3	一艘豪华游艇在波光粼粼的海面上航行	近景	固定镜头	片名淡出	2.0	海浪声、舒缓的背景音乐
4	激光切割画面特写机器	大特写	固定镜头	"20 年来"	2.0	舒缓的背景音乐
5	师傅用手切割	小特写	固定镜头	"铭升实业一直专注于"	2.0	舒缓的背景音乐
6	师傅带着护镜切割	中景	固定镜头	"为船舶、游艇、游轮、码头行业"	3.0	舒缓的背景音乐
7	11 组产品图片	特写	固定镜头	"研发生产定制不锈钢零件。我们生产上千种规格型号的定制五金配件，确保运用在游艇上所有位置部件的安全，积累了在设计、生产以及销售方面的丰富经验和雄厚实力，始终坚持以规模化诚信经营、个性化优质服务为宗旨"	34	舒缓的背景音乐
8	地图特效展示中国江门新会、马来西亚槟城两地工厂位置			"先后建立起中国江门市新会区、马来西亚槟城占地 15000 平方米的跨国现代化制造工厂，赢得了众多外商的青睐，销售足迹遍布全球"		昂扬背景音乐，下同
9	高速旋转的均质机特写	特写	固定镜头	"以创新的理念"	2.0	
10	游标卡尺精确测量	特写	固定镜头	"务实严谨的态度为保障"	1.0	
11	工人眼神专注操作机器	近景	固定镜头	"力求最大限度地满足"	1.0	

镜号	画面内容	景别	运镜	旁白	时长 /s	音乐 / 音效
12	多位工人专注操作机器	中景	拉镜	"客户的个性化需求"	3.0	
13	工业机器人在装配、焊接、喷涂，近景展示机械臂动作	近景	摇镜	"作为优质不锈钢和铝的全球制造商"	3.0	
14	特写展示焊接细节	特写	推镜	"我们专业提供"	1.5	
15	数控机床控制面板显示机床的当前状态和参数	特写	固定镜头	"高性价比的 304 "	1.5	
16	金属棒料被固定在车床的卡盘上切削加工	特写	固定镜头	"316 L 不锈钢及"	2.0	
17	高速旋转的钻头在钻孔	特写	固定镜头	"铝材组件"	3.0	
18	工人操作高速旋转的钻头在钻孔	中景	背拍拉镜	"产品具有耐腐蚀性"	1.5	
19	折弯机上模下压操作	特写	固定镜头	"耐高温性、抗 UV 等功能"	2.5	
20	熟练工匠在焊接，眼神专注	中景	缓慢摇镜	"这一切都来自 20 年来"	2.0	
21	熟练工匠在装配，眼神专注	近景	缓慢摇镜	"不懈努力"	2.5	
22	熟练工匠仔细锉削金属部件	近景	侧跟	"质量是铭升实业的立业之本"	1.0	
23	锉削修整金属部件表面特写	大特写	侧跟		2.0	

镜号	画面内容	景别	运镜	旁白	时长 /s	音乐 / 音效
24	高管手拿金属部件，与工匠交流，穿着工服，展示企业品牌	中景	移动	"高瞻远瞩，引进资深管理人才"	3.0	
25	工匠手持工件，调整铣床，切削加工	中景	拉镜	"技艺精湛的员工"	2.5	
26	工件被从铣床取出	特写	固定镜头	"与国际对接，建立起高效规范的现代化管理体系"	1.0	
27	成堆金属钢管原材料	特写	固定镜头	"从原材料进厂检验"	1.0	
28	不同角度的激光切割画面	特写	固定镜头	"到激光切割"	5.5	
29	现代化的机械加工车间，自动铣削、车削、钻孔，工人在监控	全景	背拍推镜	"数控加工"	3.0	
30	激光雕刻作业画面	特写	固定镜头	"激光雕刻、丝印"	2.0	
31	超声波清洁作业画面	全景	固定镜头	"到超声波清洁及包装"	2.0	
32	质检人员电脑前工作	近景	环绕镜头	"我们建立起覆盖所有作业环节的"	1.5	
33	电脑质检体系界面	特写	推镜	"质检体系"	2.0	
34	电脑质检体系曲线图表	大特写	推镜	"几十道工艺流程"	2.0	
35	电脑质检体系曲线图表	超大特写	推镜	"从头至尾都执行严格的 QC 标准控制"	3.0	

续表

镜号	画面内容	景别	运镜	旁白	时长 /s	音乐 / 音效
36	主管向员工讲解质量检验流程，系统界面植入企业品牌 JMS	全景	拉镜	"铭升人"	6.0	
37	听讲员工认真记笔记	特写	固定镜头	"正以勤劳智慧之手"	0.5	
38	主管在大屏幕上讲解质控问题	近景	固定镜头	"描绘走向世界的蓝图"	2.0	激昂音乐，下同
39	员工侧脸倾听，持笔写笔记	近景	固定镜头		2.0	
40	工人用叉车移动货物	全景	固定镜头	"用品质构筑"	2.0	
41	工人检查货物	中景	固定镜头	"牢固的信誉基石"	2.0	
42	海浪翻滚空镜	全景	固定镜头	"在市场竞争激烈的今天"	3.0	
43	飞鸟翱翔空镜	中景	固定镜头		1.0	
44	工人们研究生产细节	中景	固定镜头	"铭升实业倡导服务精神"	3.0	
45	工件放在图纸上，手比画，创新研发	特写	固定镜头	"坚持在技术与创新的道路上"	2.5	
46	工人戴白手套，使用黄色手柄打标刻印	特写	固定镜头	"提升核心竞争力"	3.0	
47	烙铁焊接	特写	固定镜头	"以个性化"	1.0	
48	工人戴头盔焊接	中景	移动	"简约化、实用化的设计理念为导向"	2.0	
49	在图纸上设计	特写	固定镜头	"积极在工程"	1.0	

续表

镜号	画面内容	景别	运镜	旁白	时长 /s	音乐 / 音效
50	设计人员在电脑前输入	近景	固定镜头	"软件高效创新中"	0.5	
51	设计软件界面	特写	固定镜头	"极速拓展"	3.0	
52	实验室或工业环境中的测试场景，工人在测试	全景	固定镜头	"拥有拉力测试仪"	1.5	
53	拉力测试仪特写	特写	固定镜头		1.5	
54	盐雾测试仪特写	特写	固定镜头	"盐雾测试仪"	1.5	
55	UV 测试	特写	固定镜头	"UV 测试仪"	1.0	
56	光谱测试仪探头接触被测物体获取光谱	特写	固定镜头	"光谱测试仪"	2.5	
57	工人正操作大型工业设备进行热处理	全景	移动镜头	"等仪器辅助研发"	1.5	
58	用游标卡尺进行精密测量	特写	固定镜头		1.0	
59	工人检查标记金属板材	近景	固定镜头	"我们坚信"	2.5	
60	工人用锉刀对金属表面进行修整打磨	特写	固定镜头	"只有走好每一小步"	2.5	
61	工人眼神专注，进行精确测量	特写	固定镜头	"才能跨越一大步"	2.5	
62	产品仓库特写 1	特写	移动镜头	"20 年风雨兼程"	1.0	
63	产品仓库特写 2	特写	移动镜头	"铭升实业不断向前的决心"	2.0	
64	产品仓库特写 3	特写	移动镜头	"离不开所有员工的"	2.0	

续表

镜号	画面内容	景别	运镜	旁白	时长 /s	音乐 / 音效
65	员工生产画面，着厂服	中景	移动镜头	"兢兢业业"	1.0	
66	员工生产画面	特写	移动镜头	"和诚实守信"	1.0	
67	员工活动照片特效	中景	固定	"通过不断提升员工福利待遇，改善车间工作环境，定期举行各种文娱活动等，增加员工归属感，以实际行动感恩员工的辛勤付出"	35.0	
68	员工点赞合照 1	中景	固定	"为企业创造业绩"	3.0	激昂音乐高潮
69	员工点赞合照 2	中景	固定	"为员工创造幸福"	3.0	激昂音乐高潮
70	员工点赞合照 3	中景	固定	"让客户获得成功"	3.0	激昂音乐高潮
71	片尾 LOGO 落版	中景	固定	"这是我们的不懈追求"	12.0	激昂音乐结尾

旁白设计：

20 年来，铭升实业一直专注于为船舶、游艇、游轮、码头行业研发生产定制不锈钢零件。我们生产上千种规格型号的定制五金配件，确保运用在游艇上所有位置部件的安全，积累了在设计、生产以及销售方面的丰富经验和雄厚实力，始终坚持以规模化诚信经营、个性化优质服务为宗旨。先后建立起中国江门市新会区、马来西亚槟城占地 15000 平方米的跨国现代化制造工厂，赢得了众多外商的青睐，销售足迹遍布全球。

以创新的理念、务实严谨的态度为保障，力求最大限度地满足客户的个性化需求。作为优质不锈钢和铝的全球制造商，我们专业提供高性价比的 304、316 L 不锈钢及铝材组件，产品具有耐腐蚀性、耐高温性、抗 UV 等功能。

这一切都来自 20 年来不懈努力。质量是铭升实业的立业之本，高瞻远瞩，引进资深管理人才、技艺精湛的员工。与国际对接，建立起高效规范的现代化管理体系。

从原材料进厂检验到激光切割、数控加工、激光雕刻、丝印到超声波清洁及包装，我们建立起覆盖所有作业环节的质检体系。几十道工艺流程，从头至尾都执行严格的 QC 标准控制。铭升人正以勤劳智慧之手描绘走向世界的蓝图，用品质构筑牢固的信誉基石。

在市场竞争激烈的今天，铭升实业倡导服务精神，坚持在技术与创新的道路上提升核心竞争力，以个性化、简约化、实用化的设计理念为导向，积极在工程、软件高效创新中极速拓展。拥有拉力测试仪、盐雾测试仪、UV 测试仪、光谱测试仪等仪器辅助研发。

我们坚信只有走好每一小步，才能跨越一大步。20 年风雨兼程，铭升实业不断向前的决心离不开所有员工的兢兢业业和诚实守信，通过不断提升员工福利待遇，改善车间工作环境，定期举行各种文娱活动等，增加员工归属感，以实际行动感恩员工的辛勤付出。为企业创造业绩，为员工创造幸福，让客户获得成功，这是我们的不懈追求。

二、任务 2：安排短片结构，剪辑成片

1. 新建项目

打开 Premiere Pro，点击"新建项目"，命名为"铭升实业宣传片"，设置项目存储路径。

在"设置"中选择视频渲染格式为"Mercury Playback Engine GPU 加速"，根据本项目宣传片的使用场景，选择"HDV 1080p25"预设，即将帧大小设置为 1920 像素 × 1080 像素，帧速率为 25 帧 / 秒。

2. 导入素材

点击"文件"—"导入"，将拍摄的镜头素材（如游艇航拍、工厂车间、实验室等视频片段）、旁白音频、背景音乐、音效、产品图片等全部导入项目面板。

在项目面板中创建素材分类文件夹，例如：

"视频素材"：按镜号 1～71 分镜整理。

"音频素材"：旁白录音、背景音乐、音效（海浪声、机械声等）。

"图片素材"：企业 LOGO、地图特效、质检图表等。

3. 素材代理处理（可选）

由于本项目拍摄的素材为 4K/RAW 格式，直接剪辑会卡顿，右键点击素材，选择"代理"—"创建代理"，参考项目 3 素材管理部分内容将素材转码为 540P，并开启代理，加速剪辑流程。

4. 创建主序列

点击"文件"—"新建"—"序列"，选择"设置"—"编辑模式：自定义"，帧大小选择 1920 × 1080，帧速率选择 25 fps，像素长宽比"方形像素"。

重命名序列为"主时间线"，拖入旁白音频作为参考音轨。

5. 排列视频素材

根据表 9-1 脚本设计的镜号顺序，将对应视频片段拖曳至时间线轨道（V1 轨道）。

按镜号 1～71 依次对齐旁白时间点（参考脚本中的时长列）。

使用剃刀工具（C）切割冗余片段，右键选择波纹删除保持时间线紧凑。

对于多角度镜头（如镜号 13 的机械臂近景），使用嵌套序列整合复杂镜头组。

6. 镜头衔接

开篇使用远景和特写镜头，剪入一艘豪华游艇在波光粼粼的海面上航行的画面，镜头缓慢推进，聚焦在游艇的不锈钢零件上。接着是一组后退景别镜头，从激光切割特写到小特写再到中景，展示工匠切割制造的画面，为后续推出产品造势。接着展示 11 组产品图片，直接满足目标客户尽快了解产品的需求。

展示员工在现代化车间内专注工作的神情，使用中景和特写镜头，固定镜头突出员工的认

真态度。接着切换到企业领导在会议室讨论战略规划的画面,使用中景和特写镜头,推镜头聚焦领导的表情。最后展示员工在文娱活动现场的画面,使用中景和全景镜头,切换镜头展示活动氛围。

开篇镜头(镜号 1~3)使用交叉溶解过渡,营造舒缓氛围;工厂车间镜头(镜号 4~6)采用硬切增强节奏感。

高速机械镜头(镜号 13、16)添加动态模糊效果(效果面板—"时间"—"残影")。

速度调整:镜号 20~21(工匠专注操作),右键点击片段,选择"速度 / 持续时间",设置为"80%"慢动作,突出细节。

结尾员工活动镜头(镜号 67~71)使用时间重映射加速播放,配合激昂音乐高潮。

7. 动态 LOGO 展示

导入企业 LOGO 图片(镜号 71),拖至时间线末尾,右键点击,选择"速度 / 持续时间",延长至 12 秒。

添加"基本 3D"效果,设置旋转动画:0 帧→Y 轴 0°,12 秒→Y 轴 360°。配合不透明度渐入渐出。

8. 场景强化

在工厂镜头(镜号 24~26)中,使用蒙版工具圈出企业标识(JMS),添加亮度键突出显示。

9. 音频轨道分层

将旁白音频拖至 A1 轨道,背景音乐(舒缓 / 激昂)拖至 A2 轨道,音效(海浪声、机械声等)拖至 A3 轨道。

关键操作:

旁白与音乐音量平衡:选中背景音乐,将音频增益设为 -10 dB,旁白设为 0 dB。

音效同步:镜号 1 的海浪声对齐游艇航拍画面;镜号 28 的激光切割声匹配机器特写。

10. 音频效果处理

旁白录音降噪:右键点击旁白片段,选择"在 Adobe Audition 中编辑"—"降噪 / 修复"—"降噪(处理)"。

背景音乐淡入淡出:使用钢笔工具在音乐轨道开头 / 结尾绘制音量曲线,实现平滑过渡。

11. 旁白字幕添加

点击"图形"—"新建图层"—"文本",输入旁白文案(参考脚本旁白设计)。

参数设置:

字体:黑体,字号 30,颜色白色,边缘黑色描边(宽度 2)。

位置:画面底部中央,安全框内。

动画:添加"滚动"效果,设置从右向左滚动,速度匹配旁白时长。

这一步也可在导出后通过剪映进行智能字幕识别添加。

12. 动态数据展示

地图特效(镜号 8):

导入地图图片,添加缩放动画:0 帧→缩放 100%,5 秒→缩放 150% 聚焦槟城工厂。

叠加光线效果(效果—"生成"—"镜头光晕"),模拟航拍动态感。

13. 统一色调风格

使用"Lumetri 颜色"面板,逐个镜头调整色彩,统一匹配全片色调。

大部分镜头可使用以下参数调整:

基础校正:对比度 +10,高光 −5,阴影 +8,饱和度 +15。

创意风格:应用"Teal & Orange"预设,强化金属质感(车间镜头)与自然色调(游艇航拍)。部分不合适的可微调。

14. 局部画面增强

实验室镜头(镜号 52～57):使用蒙版圈出仪器屏幕,调整曲线提高亮度和对比度,突出数据细节。

结尾员工活动(镜号 67～71):添加发光效果(效果—"风格化"—"发光"),光晕强度 20%,营造温馨氛围。

15. 全片预览与调整

按空格键播放时间线,检查以下内容:

镜头衔接是否流畅(重点检查镜号 7 产品图片快速切换)。

音画是否同步(如镜号 38 激昂音乐是否匹配领导讲话画面)。

品牌植入是否自然(LOGO 出现频次不超过 3 次,每次不超过 5 秒)。

16. 最终导出设置

点击"文件"—"导出"—"媒体",格式选择 H.264,预设"匹配源 − 高比特率"。

关键参数:

分辨率:1920 × 1080。

帧速率:25 fps。

目标比特率:3 Mbps(平衡画质与文件大小)。

音频:AAC,320 Kbps。

点击"导出",生成 MP4 格式成片。

如第 11 步未添加字幕,可在此时通过剪映进行智能字幕识别添加。

项 目 拓 展

一、熟悉宣传主题,构思设计脚本

本次拓展任务是剪辑制作另一个主题的宣传短片,以丰富剪辑制作经验。本次宣传短片的主题是"椰恋椰子鸡"品牌（见图 9-3）的宣传推广,制作这个宣传短片,首先要构思设计一个脚本,根据商家的需求,经充分沟通后敲定旁白内容,然后安排拍摄制作。

图 9-3　椰恋椰子鸡

1. 脚本构思

"椰恋椰子鸡"品牌的宣传短片脚本,考虑通过富有情感和诗意的语言来介绍品牌的产品、理念以及品牌故事。

开头部分用诗意语言描绘阳光、椰子等自然的画面,吸引观众进入品牌倡导的"纯净世界"。通过描述对阳光、家园的眷恋,以及对大自然的热爱,传达出品牌追求自然、健康、纯净的理念,同时也表达对消费者的关爱,让消费者感受到品牌不仅仅是在卖产品,更是在传递一种生活态度和情感价值。

中间部分详细介绍椰子和文昌鸡的来源、挑选标准以及加工过程,如"每天超过 1 万颗椰子发往全国各地""7000 亩文昌鸡绿色养殖基地""不同的低温保鲜着一个永恒不变的承诺"等产品卖点,突出产品的优质、新鲜和健康,让消费者对产品的品质有更直观的了解,增强产品的可信度和吸引力。

结尾部分强化品牌,展示品牌创立的时间、发展历程以及品牌 slogan "椰汁恋上鸡,健康恋上你",强调品牌的历史沉淀和对品质、健康的承诺,进一步提升品牌的形象和消费者的认同感。

作为一条兼顾品牌营造和产品促销的小成本宣传短片,要力图通过情感化的语言和故事化的叙述,引发消费者的情感共鸣,让消费者在情感上与品牌建立起联系,从而提高对品牌的忠诚度和购买意愿。同时突出产品的优质、新鲜、健康等特点,强调品牌对品质的严格把控,让消费者对产品的品质有充分的信心,从而提升产品的附加值和竞争力。

2. 脚本设计

根据上面的构思,设计脚本,以下脚本供参考借鉴（见表 9-2）。

表 9-2　椰子鸡宣传短片脚本设计

镜号	画面内容	景别	运镜	旁白	时长 /s	音乐 / 音效
1	日出时分的椰林全景，阳光穿透椰林形成丁达尔效应[1]	大远景	航拍推进	我们追求阳光	5	海浪声 + 鸟鸣
2	模特在晨光中展开双臂深呼吸（发丝飘动）	中近景	升格拍摄	因为阳光让我们精神焕发	2.5	微风音效
3	椰子从树上坠落慢镜头，溅起地面水花	特写	高速摄影	沉浸在阳光与椰子的世界中	3	重低音闷响
4	工人用砍刀削除椰子外皮（木屑飞溅）	特写	跟拍手部	从采摘到去皮全部人工完成	2.5	削砍声
5	传送带运输椰子的工业流水线全景	俯拍	横移镜头	每天超过 1 万颗椰子发往全国各地	3	机械运转声
6	质检员对椰子进行透光检查（X 光质感画面）	创意镜头	旋转推进	不是每只文昌鸡都有资格踏上蜕变的旅程	3	电子扫描声
7	7000 亩养殖基地航拍（椰林与鸡舍星罗棋布）	大全景	高空环绕	它必是文昌鸡中的佼佼者	3	环境音空旷感
8	饲养员投放树籽饲料特写，鸡群争食慢动作	近景	焦点转移	散养吃树籽长大的文昌鸡体质极佳	2.5	啄食 ASMR
9	兽医检查鸡冠色泽显微镜头（健康监测过程）	大特写	显微镜视角	从鸡苗到出栏全程严格把控	2	仪器提示音
10	−20 ℃冷链车间白雾弥漫，工人装箱作业	全景	迷雾穿行	不同的低温保鲜着一个永恒不变的承诺	3	冷库环境音
11	金黄的椰汁浇淋鸡肉的特写（液体飞溅定格）	高速特写	轨道前推	椰汁恋上鸡，健康恋上你	2.5	液体流动声

---

[1] "丁达尔效应"的名称源于 19 世纪英国著名的物理学家约翰·丁达尔(John Tyndall, 1820—1893)的开创性研究。他通过实验揭示了光与胶体颗粒的相互作用规律，发现当光线穿过含有微小颗粒的介质时，颗粒会散射光线，形成可见光路，这一现象后来被学界命名为"丁达尔效应"(Tyndall Effect)。这里指阳光穿过椰林时，空气中的微小颗粒(如雾气、尘埃、水蒸气等)对光线产生散射作用，使光束在椰林间形成清晰可见的明亮光路。这种效应是一种自然光学现象，赋予了场景独特的视觉效果和氛围。

续表

镜号	画面内容	景别	运镜	旁白	时长 /s	音乐 / 音效
12	砂锅沸腾，蒸汽中浮现品牌 LOGO（丁达尔效应）	仰拍	升格拍摄	我们相信美食源于人，食材源于心	3	沸腾声渐强
13	2013 年老店原貌（泛黄照片动画化）	怀旧镜头	褪色入画	椰恋椰子鸡从 2013 年创立以来	2	老式相机快门声
14	现代透明厨房，厨师切配食材（多角度蒙太奇）	全景	快速剪辑	坚持用心做更健康的美食	3	刀工节奏声
15	全国门店电子地图（灯光从海南辐射至各地）	数据可视化	数字拉伸	全国多家连锁店每一天向您问候	3	科技感音效
16	服务员掀开锅盖，蒸汽升腾（逆光慢动作）	特写	雾气散焦	第一时间的美味为您的身心加油	2.5	锅盖碰撞声
17	家庭聚餐举杯碰撞（椰汁飞溅冻结特效）	全景	360° 环绕	亲切的微笑让椰子鸡成为您的偏好	3	欢笑声 + 碰杯声
18	老人品尝时眯眼微笑的皱纹特写	大特写	推镜	天然风味的食材，为您奉献家的味道	2	吞咽音效
19	白领女性晨间用椰子鸡做早餐（逆光剪影）	中景	光影流动	让您迎接最美好的一天	2.5	晨间新闻广播声
20	营养师展示检测报告（数据可视化动画）	过肩镜头	焦点转移	一样的营养，不一样的口感	3	纸张翻动声
21	食材在黑色背景前爆破飞溅（火龙果色对比）	创意镜头	高速摄影	一样的精彩连连，不一样的味觉体验	2.5	鼓点重音
22	十周年照片墙（从黑白到彩色的年代过渡）	移轴镜头	推镜	椰恋这个品牌创立至今已有十年的时间	3	怀旧音乐盒
23	海南椰林采摘与餐桌火锅的画面交替闪现	分屏蒙太奇	节奏剪辑	我们始终秉持健康、品质、服务的理念	3	双声道混音
24	孩子舔嘴角残汁的天真笑脸（奶油光晕）	大特写	旋转运镜	让您和家人收获健康与快乐	2	童声轻笑
25	LOGO 在水面倒影破碎重组（涟漪特效）	俯拍	动态跟踪	感谢广大顾客对椰恋的关注与支持	3	水滴滴落声

旁白设计：

我们追求阳光，因为阳光让我们精神焕发。沉浸在阳光与椰子的世界中，只为追逐一份纯净与宁静，让你感受大自然的慷慨和温暖。美妙的音乐文学格调，让我们忘却尘世的纷繁。我们眷恋家园，因为爱让我们走得更远，暖暖的椰味芳香，足以让我们牵肠挂肚。

每一次出发，都是回归原生态的奇妙之旅。源于海南的新鲜椰子，精挑细选，从采摘到去皮全部人工完成，每天超过 1 万颗椰子发往全国各地。不是每只文昌鸡都有资格踏上蜕变的旅程，它必是文昌鸡中的佼佼者。7000 亩文昌鸡绿色养殖基地，从鸡苗到出栏全程严格把控。散养吃树籽长大的文昌鸡体质极佳，不同的低温保鲜着一个永恒不变的承诺，踏上健康使命的征途。

我们相信美食源于人，食材源于心。椰恋椰子鸡从 2013 年创立以来，坚持用心做更健康的美食。全国多家连锁店每一天向您问候，第一时间的美味为您的身心加油，亲切的微笑让椰子鸡成为您的偏好。天然风味的食材，为您奉献家的味道，让您迎接最美好的一天。一样的营养，不一样的口感，一样的精彩连连，不一样的味觉体验。椰恋原生态椰子鸡，邀您一起品味生活，恋上好时光。

椰恋这个品牌创立至今已有十年的时间，我们始终秉持健康、品质、服务的理念，坚持选用正宗的海南文昌鸡和新鲜椰子。我们关注食材源头，严格把控品质关。"椰汁恋上鸡，健康恋上你"是我们的品牌 slogan，在品尝美食的同时，让您和家人收获健康与快乐。最后感谢广大顾客对椰恋椰子鸡火锅的关注与支持！

二、安排短片结构，剪辑成片

（1）本次宣传短片的主题是"椰恋椰子鸡"品牌的推广。通过富有情感和诗意的语言，结合品牌的产品、理念和故事，短片旨在传递一种健康、自然的生活态度，同时突出产品的优质和新鲜。短片将通过情感化的叙述和故事化的手法，引发消费者的情感共鸣，提升品牌忠诚度和购买意愿。

（2）背景音乐选择轻柔、温暖且带有自然元素，或者带有热带风情的音乐，突出品牌对自然和健康的追求。

（3）开头使用全景和中景镜头，剪入椰林和海滩的自然美景，让以下文案具象化："我们追求阳光，因为阳光让我们精神焕发。沉浸在阳光与椰子的世界中，只为追逐一份纯净与宁静。"

（4）中间部分详细介绍产品与品牌故事。展示文昌鸡养殖基地，鸡群在树林中自由奔跑。让以下文案具象化："7000 亩文昌鸡绿色养殖基地，从鸡苗到出栏全程严格把控。散养吃树籽长大的文昌鸡体质极佳。"使用特写镜头，展示椰子的采摘和去皮过程。让以下文案具象化："源于海南的新鲜椰子，精挑细选，从采摘到去皮全部人工完成，每天超过 1 万颗椰子发往全国各地。"展示低温保鲜设备，突出产品的新鲜和健康。

（5）结尾部分展示顾客在餐厅享受椰子鸡，脸上露出满足的笑容。展示品牌标志和品牌slogan："椰汁恋上鸡，健康恋上你"。

（6）优化调整细节，调整背景音乐和环境音效的音量平衡，确保音效与画面的节奏匹配。对抖动的画面加稳定器。

（7）最终完整观看一遍视频，从头到尾检查视频的连贯性、节奏和信息传达是否清晰。无误后选择合适的码率和格式导出，建议目标码率控制在 2～3 Mbps，MP4 格式。

检查评价

检查测试题

单选题

多选题

判断题

简答题：

1. 请简述宣传短片的四大特点，并举例说明"客户需求与现实的平衡"如何实现。

2. 以"铭升实业"宣传短片为例，分析其开篇设计的镜头语言和旁白如何吸引观众注意力。

参考答案

学生评价和教师评价

学生自评表

序号	学习目标达成自评	佐证	达标	未达标
1	能够描述宣传短片的基本概念和特点	书面回答或口头描述相关内容，成片中体现充分理解宣传短片特点		
2	能够把握宣传短片的结构安排	成片结构合理		
3	能够根据宣传主题选择合适的背景音乐	成片背景音乐恰当		
4	能够调整剪辑节奏，通过镜头长短快慢结合以及音乐匹配、张弛交替等方式优化叙事节奏	成片镜头剪接流畅，节奏恰当		
5	能够运用镜头语言和剪辑技巧，完成宣传短片的开篇设计，快速吸引观众注意力	成片开篇具有吸引力		
6	能够巧妙地将品牌元素融入宣传短片中，实现自然的品牌植入	成片有恰当的品牌植入		
7	能够通过情节设计和剪辑手法，构建合理的故事线	成片段落组接合理		
8	能够合理搭配宣传短片的视觉和听觉元素	成片音画组接合理		
9	能够在宣传短片剪辑实践中发挥创造性思维，探索个性化的剪辑风格	成片有一定的创意		

说明：

1. 达标：如果能够完成佐证中的任务，说明该学习目标已达成，打"√"。
2. 未达标：如果无法完成佐证中的任务，说明该学习目标未达成，打"×"。

教师评价表

序号	学习目标达成评价	佐证	达标	未达标
1	能够描述宣传短片的基本概念和特点	书面回答或口头描述相关内容，成片中体现充分理解宣传短片特点		
2	能够把握宣传短片的结构安排	成片结构合理		
3	能够根据宣传主题选择合适的背景音乐	成片背景音乐恰当		
4	能够调整剪辑节奏，通过镜头长短、快慢结合以及音乐匹配、张弛交替等方式优化叙事节奏	成片镜头剪接流畅，节奏恰当		
5	能够运用镜头语言和剪辑技巧，完成宣传短片的开篇设计，快速吸引观众注意力	成片开篇具有吸引力		
6	能够巧妙地将品牌元素融入宣传短片中，实现自然的品牌植入	成片有恰当的品牌植入		
7	能够通过情节设计和剪辑手法，构建合理的故事线	成片段落组接合理		
8	能够合理搭配宣传短片的视觉和听觉元素	成片音画组接合理		
9	能够在宣传短片剪辑实践中发挥创造性思维，探索个性化的剪辑风格	成片有一定的创意		

说明：

1. 达标：如果能够完成佐证中的任务，说明该学习目标已达成，打"√"。

2. 未达标：如果无法完成佐证中的任务，说明该学习目标未达成，打"×"。